なぜ、
お札でモノが
買えるのか

高橋洋児
takahashi yoji

言視舎

はじめに

▼お札とは何だろうか――昔話はやめよう

なぜ、お札でモノが買えるのか。この問いにまともに答えられる人はいない。答える自信のある人は答えてほしい。あるいは、経済学者のだれそれがすでに答えていると言うのなら、だれが答えているのか教えてほしい。マルクス？　ケインズ？　それともだれ？

「貨幣論」は無数にあったし今もあるが、お札論はないに等しい。お札には**強制通用力**が付与されているから通用する（モノが買える）という説明をはじめ、**「信用貨幣」論**なども含めて、お札論もいくつかないわけではない。が、**いずれも理論的説明に大きな欠陥がある**。とうてい説得力を持つものではない。

無数にある貨幣論は、いずれも金貨幣を考察対象にしている。銀貨幣が用いられることもあったが、貨幣論としては金貨幣論で代表させてよい。あるいは、せいぜい兌換《だかん》銀行券、すなわち金貨幣のような本位《スタンダード》貨幣または金地金との交換が可能な銀行券を対象にしているのが、これまでの貨幣論である。

金貨幣ないし兌換銀行券の時代には、もちろん金貨幣や兌換銀行券を論じていればよかったが

（正しいかどうかはともかく）、しかし今日、金貨幣や兌換銀行券が用いられている国はない。どの国でも、金貨幣などとの交換が保証されていない不換中央銀行券、わが国なら日本銀行券が通貨として用いられている。だから世間に出回っている大多数の貨幣論は、たかだか**金本位制時代の昔話**をしているにすぎないわけだ。それでも経済史的な、文化人類学的な意味はあるだろうが、今日的な経済学的意味はない。ところが不思議なことに、**昔話が今日の話としてまかり通っている**。

不換中央銀行券を日常語で「**お札**」と呼んでいるのだが、金貨幣などの裏付けが何もないという意味ではタダの紙切れにすぎない。しかし、タダの紙切れで何でも買える。どんなに高価なモノでも買える。モノを買うことは「商品と貨幣との等価交換」と表現されるが、いったい何と何が「等価」なのか。

1億円の豪邸と一万円札1万枚とが等価だと言われても、どうもピンとこない。豪邸の値打ちはだれにでもわかる（よだれを垂らしながらも見当はつく）が、お札のほうは輪転機で印刷しただけのものだ。どうして「等価」なのか。お札には無制限強制通用力があるのは確かだ。日本銀行法という法律でそう規定されている。では豪邸の施主（売り手）は強制通用力と引き換えに豪邸を売るのだろうか。さまざまな建築資材や労力・技術・ノウハウなどと強制通用力とが等価交換されているのだろうか。

豪邸に限らず、商品の売り手はだれでも、お札との交換なら喜んで手持ちの商品を手放す。なぜ喜ぶのか。なぜお札を有難がるのか。答えはハッキリしている。お札は「タダの紙切れ」ではないからだ。といっても、お上《かみ》から強制通用力を与えられているからではない。

お札を手にして、「これは強制通用力を持っているのだ」などと思う人は、ほとんどいないのではないか。そのように思うのは、むしろ一知半解の経済学的知識の持ち主である。大概の人はもっと即物的に、お札そのものを有難がっているのではないだろうか。そしてそのように有難がるのは、理論的根拠のある正しいことなのだ。

最大のポイントは、**お札そのものが交換相手の商品と同質の、かつ同じ大きさの価値を持っている**という点である。だから**等価交換**という言い方が成り立つ。日本銀行券はむろんのこと、大概の国の不換中央銀行券は価値物である（強制通用力に頼らざるをえない〝後れた国〟もいくつかあるようだ。他国が自由な通貨交換に応じてくれるかどうかが見分けの目安になるだろう）。今日のようなお札の時代、管理通貨制の時代になっても、商品売買は等しい価値物同士の交換なのである。だが、そのことを理論的根拠のある仕方で説明するためには、従来の貨幣論とはまったく異なる考え方の地平に立つことを、**新しい理論枠組を必要とする。**

▼お札論の方法

本書は、**お札でモノが買える根拠**を、**国民の協働**に見出そうとする。**国民が、そうとは自覚せずに協働して、お札の通用力を生み出している。**「タダの紙切れ」を「タダの紙切れ」以上のもの、すなわち価値物として成り立たせているのは、実に国民の協働である。お札の通用力は、お上などではなく下々の国民自身が生み出しているのである。

協働という言葉は、たとえば「行政と市民の協働」「官民協働のまちづくり」とか「大学・自治体の協働による地域活性化」という具合に、近年しばしば用いられるが、意味内容は漠然としていまいちはっきりしない。どうやら、ごくありふれた「力合わせ」と変わりはなさそうだ。一種の流行語、ファッションなのだろう。お札論の文脈で用いる「協働」は、字面は同じでも意味内容は別である。まずこの点について説明が必要だろう。

力合わせの最もポピュラーな形は「助け合い」や「協力」であろう。助け合いや協力は至る所で行なわれている。家庭でも学校でも職場でも、時には路上や電車・バスの中でも行なわれている。むしろ、「お互いの助け合いや協力なしには人間生活は成り立たない」と言うほうが正確である。「独り暮らし」といっても、食料をはじめ、さまざまな形で他人たちの世話になっている。それがまったくなくなれば一巻の終わり、つまりは「孤独死」が待ち受けている。

助け合いや協力は、家庭なり学校なりの組織のメンバーたちが、あるいは組織のメンバーでなくてもその場に居合わせた人たちが、心を一つにして力を合わせることである。そのつど一定の共同目的のために意思統一して、みんなが自覚的に力を合わせる。しかし助け合いや協力は力合わせの一部をなすにすぎない。世の中では、このような力合わせとは別種の力合わせも多様な形で行なわれている。

たとえば大災害が起きると、学校の体育館などの避難所ではさまざまな形の助け合いや協力が行なわれる。復旧・復興作業も行なわれる。自衛隊員や消防・警察関係者などの組織メンバーや、そうではないボランティアも含めて、みんなが心を一つにして力を合わせていることは、だれの目にもはっきりとわかる。では、全国各地から被災地に届けられる救援物資については、どうなのか。

多くの場合、救援者は被災者にとって見知らぬ人たちであり、また救援者たちも互いに見知らぬ者同士である。緊密に意見交換をしたり調整をしたりということがない点では、被災地における力合わせの形とは異なっている。個々バラバラの行為だから、心を一つにしてとは言えない。それでもみんな、被災者を助けたいと念願している。このような形の力合わせもあるわけだ。

さらにその救援物資も、さかのぼれば工場などの生産現場における力合わせの生産物である。その生産物が、運輸や商業などの流通活動、つまりはまた別の形の力合わせを経て消費者の手に渡る。そして消費者から被災地に送られる。生産と流通と消費と、そして物資救援はこのような種々の力合わせの組み合わせとして成り立っている。

もちろん消費もこの力合わせに大いに寄与している。消費が行なわれるがゆえに生産も流通も成り立つからである。供給サイドと需要サイドとは互いに力を合わせることで互いに成り立つ。この力合わせは、同じ作業現場における協業などの場合と違って、需要と供給の両サイドが打ち合わせや協議をした上で行なわれるのではない（ただし、注文生産や委託制作などの場合は別であるが）。需要も供給もそれぞれの当事者たちの利害関心に基づいて思い思いに、個々バラバラに行なわれる。

供給サイドは利益追求のために供給する。商品をなるべく高く、たくさん売ろうとする。需要サイドも自己利害本位で行動する。必要な物だけをなるべく安く買おうとする。利害のベクトルは相反するが、それでも互いに相手なしには互いに困る。相互依存が、その意味での力合わせが共通のベースをなしている。**利害対立と表裏一体の相互依存**も力合わせの一つの有力な形である。市場経済はそのようなものとして成り立っている。力合わせは多様であり、単純平明な助け合いや協力などとは区別される形のものも、世の中では大きなウェイトを占めている。

ただし、力合わせという日常語はわかりやすいだけに、曖昧さをまぬかれない。そこで本書では、**協働という語を学術語としてきちんと概念規定しつつ、所要の類型区分も行なう**ことにしよう。お札でモノが買える（お札が通貨として通用力を持っている）のは、お札が価値物であるからだ、そして、お札を価値物たらしめるのは「国民の協働」である――このような立論を行なう際の協働は、もちろん、単純平明な助け合いや協力としての力合わせとは異なっている。

国民の協働は、どこかでだれかが行なっているよそよそしいことなのではなく、まさに国民一人ひとりが日常的な経済活動を通じて行なっていることなのである。「タダの紙切れ」を価値物として通用させるという大事業を、ほかならぬ自分たち自身が日々遂行していながら、そのことを自覚していないだけだ。**無自覚的な協働**。目に見えないから無自覚なのである。お札のことをよく知ることは、**国民こそが一国の主役である**ことを経済面から知ることでもある。

その種の協働は、お札論の文脈においてだけでなく、人々のさまざまな活動場面で、つまりは世の中で大きな役割を果たしている。それらのことにも目を向けないと、世の中の成り立ちを十分に理解することはできない。その種の協働についても言及と説明を要するゆえんである。

したがって、読者諸賢には二重の困難を強いることになる。お札論が風変わりな上、用いられている方法もなじみのないものだろうから。が、なるべく丁寧な、飛躍のない記述を心がけるつもりである。事の重要性に鑑みて、この厄介な作業に著者と「協働」されんことを切に望む。

目次

I

現代のマネー——不換中央銀行券（お札）

▼「不換」とは

「不換」の意味について念のため注記しておくと、兌換《だかん》ができないこと。兌換銀行券なら、これを発行元に持ち込めば額面どおりの正貨、代表的には金貨との、または券面に明記された所定量の金との交換が可能である。わが国でかつて発行されていた兌換銀行券にも「此《こ》ノ券ト引換ヘニ金○○匁《もんめ》ヲ相渡シ候」といった文言が記されていた（と記憶する）。それゆえ兌換は、持参人交換あるいは一覧（at sight、一目見て即）交換と言い換えることができる。ちなみに、匁は尺貫法の重量単位で貫の千分の1、1匁は3・75グラムである。

今日においても不換中央銀行券を金と交換することはできる。しかし兌換（conversion）と普通の交換（exchange）とは似て非である。兌換は、所定額の正貨または所定量の金と自動的に交換できるという意味。一方、不換中央銀行券と金との交換は金を商品として買うこと。価格はその時どきの金相場によって1トロイオンス当たり1800ドル以上に達することもあれば、その5分の1以下のこともあるなど折れ線グラフの上下変動は激しい。

第二次世界大戦後のＩＭＦ（国際通貨基金）＝ブレトンウッズ体制のもとでは、35ドル＝金1オンスの比率で交換が可能であった。アメリカが連合国の勝利に主導的な役割を果たしたことや、本土が爆撃・空襲にあわず「独り勝ち」して大きな経済力がそのまま温存されたことなどから、ドルは特権的な地位を占めた。したがって、ドルと金との交換といっても兌換という性格がつよかった。

この交換は諸外国の財政当局にだけ認められていたが、それも1971年8月15日のニクソン・ショック（ドル・金交換停止声明）で終わった。ドルが金の縛りから解放されたことも、膨大な余剰マネー（ドル札）を生み出す一因となった。

金貨幣のような正貨や金地金の裏付けが何もない、その意味では「吹けば飛ぶような」お札を相手にするときは、日本語としては「貨幣」という重々しい漢語ではなく「マネー」という軽い言葉がふさわしいであろう。それゆえ本書ではマネーという語を多用する。

1　お札論の中心課題——労働＝信用をどう説明するか

（1）商品価値の内実——労働一元論では説明できない

商品を売買することは商品とお札を交換すること（一円玉などの補助貨幣はお札の「補助」にすぎないから、とりあえず脇に置いておこう）。商品＝お札。このイコールは価値の大きさが等しいこと、等価交換を表わしている。では、商品とお札に共通するもの、イコールの内実は何か。**なぜイコールで結べるのか**。

商品は労働生産物または労働そのもの（サービス）である。商品価値を形成する主な要因は労働であるが、労働が唯一の価値形成要因なのではない。生産設備や原材料として使用される物的素材も価値形成要因として寄与している。

▼労働価値一元論の誤まり

もっともその点について、主流の**労働価値論**は、物的素材も結局は労働に還元できるとする労働一元論（労働オンリー主義）を主張してきた。生産物を作るのに必要な物的素材（生産設備や原材料）も労働生産物であり、それを作るのに必要な物的素材も労働生産物であり……という具合に。

しかし還元手続きを繰り返しても最後には原油や鉄鉱石などの鉱物資源をはじめとする天然資源が残る。原油を採掘するには採掘設備が必要で、これは労働生産物である。しかし原油そのものは、小麦粉をパンに変形加工するのとは違って、何らかの原材料を変形加工したものではないから労働には還元できない。

したがって、労働には還元できない天然の素材（自然物）を無視して、原油の価値が採掘労働などの労働だけで形成されているとするのは無理であろう。そもそも原油の買い手は原油に一定の役立ち（使用価値）があるから買い、代金を支払うのだが、肝心の**使用価値**は、エクソン・モービルやロイヤル・ダッチ・シェル、ＢＰ（ブリティッシュ・ペトロリアム）などの国際石油資本（メジャー）をはじめとする原油開発企業が生み出したものではない。つまり、**人間労働の創造物ではない**。原油開発企業は、原油が潜在的に持っている使用価値を顕在化させるための外回りの作業をしたにすぎない。

使用価値とはこの場合、原油に固有の化学的成分や性質のこと。「固有の」といっても油田によって軽質油、重質油などの油種の違いはあるが、成分や性質が労働によって生み出されたものでないことは明らかである。ところが労働一元論者は、原油の潜在的使用価値（成分や性質そのもの）と顕在的使用価値（さまざまな用途）とを区別せずに、顕在的な面だけを見て、顕在化させるのは労働だから原油の使用価値そのものも労働によって生み出されると見なしてきた。だが、**労働になしうることとなしえないこととの区別が必要である**。

原油は潜在的な使用価値を持っているから潜在的な価値を持っている。この価値が**素材価値**である。もちろん、素材価値の有無も大きさも原油が売れてみるまでは不明である。売れた時に、潜在的な価値が顕在化してマネー額で表わされる。素材価値は原油そのものの使用価値に由来するのであって、原油開発企業が投入した労働によって形成されるのではない。

言うまでもなく、原油開発企業が行なった外回り作業としての労働による価値形成分、すなわち潜在的な使用価値を顕在化させた功績分も原油の価値に加算されるが、労働の功績分がすべてなのではない。

簡明に示せば、原油の価値は、素材価値＋労働による価値形成分＋その他のコストが、買い手（マネー所有者）によって評価された時の評価額（売れ値）である。労働一元論は「男だけで子を産むことができる」と主張するようなものだ。一面的で偏狭な見方に陥っている。

労働一元論が当てはまらないのは農産物や漁業資源についても同様で、それらは陽光や雨、風、海洋・河川などの自然力の恩恵をこうむっている。自然は猛威をふるうだけでなく豊かな恵みももたらす。ただ、①「商品価値」は人間社会のカテゴリーである。他のあらゆる言葉と同じく、人間が人間のために編み出した言葉である。だが、②物的素材は、たとえ生き物であっても人間社会のメンバーではない。法人格ではない（たとえばペットをどんなに可愛がって「家族の一員」として扱ったところで、所詮、人間とは区別される単なる動物でしかない）。そこで③所有権法上の処理法として、物的素材の価値も人間に帰属させてきたのだろう。

▼人間中心主義の流れ

根底には、脈々と流れる**人間中心主義**（アントロポサントリスム）の思想がある。その淵源は『旧約聖書』創世記にまでさかのぼることができるかもしれない。人は神によって創造された当初から、他の被造物である「地」をはじめ「海の魚、空の鳥、地をはうすべての生き物」「草木」の支配者となるよう宿命づけられていた。ユダヤ教徒だけでなくキリスト教徒も、だれもが知っているお話だ。が、これは天地創造の神話にすぎず、科学的な根拠は何もない。

現実の世界では、産業革命が人間中心主義を強力に根拠づけたと考えられる。イギリスでは18世紀後半から始まる産業革命は、機械力をもってすれば自然をいくらでも変えることができるという自信を人々に与えた。いな、自然界を征服できるとさえ過信させた。労働価値論の芽生えは17世紀のウィリアム・ペティ（1623―87）にあるとされるが（ペティ『租税・賦課金論』1662年、邦訳は『租税貢納論』大内兵衛・松川七郎訳、岩波文庫）、労働一元論は人間中心主義の一環として産業革命のインパクトなしには生まれなかったであろう。

ともあれ、人間の創造物ではない自然物に固有の化学的その他の成分や性質、働きが、人間に役立つことによって商品価値の形成要因の一つとなる。以上はしかし商品価値の内実を正確に把握した場合の話で、労働が不可欠の役割を果たしていることは言うまでもない。お札論の文脈では、問題の輪郭をクリアにするために、とりあえず商品価値の内実を労働で代表させて差し支えない。

(2) お札の通用力の内実

他方、お札のほうはどうなのか。お札も労働生産物であることは確かだが、通用力の主な要因は労働ではない。1億円の豪邸と一万円札1万枚との交換を等しい労働量の交換として捉えるのは、だれが見ても無理である。「はじめに」でも触れたように、豪邸はさまざまな建築資材と労力・技術・ノウハウの産物である。一方、お札は精緻なデザインや高度の偽造防止技術がほどこされているとはいえ、原版を作りさえすればあとは輪転機でいくらでも印刷することができる。建物は1戸ずつ建築しなければならない。

お札の通用力の内実は労働ではなく、とりあえず「**信用**」という言葉で代表させてよいであろう。この「信用」の中身が実は大問題なのだが。だれを、または何を信用するのか。もしお札の発行者に対する信用となれば、では法貨としての強制通用力との関連はどうなのか(信用があるから強制通用力も成り立つのか、それとも信用がないから強制通用力に頼るのか)。「信用貨幣」論についてはどうなのか。いろいろなファクターが入り組んでいるが、いずれにしても、お札の通用力に関しては「信用」がキーワードになる。

▼労働＝信用?

信用の中身にはまだ立ち入らないことにすると、商品とお札との交換は実質上は労働と信用との交換である、とひとまず言えよう。しかし労働と信用とは異質なもの同士だからインコンパティブルである(互換性がない、両立しない)。労働と信用を等値することは不可能である。だから、そもそもイコールで結ぶことはできない。労働＝信用という等式は成り立たない。

しかし現に労働生産物または労働そのもの(サービス)とお札との交換はごく普通に行なわれている。労働＝信用という等式が成り立っている。等式は成り立たないが成り立つ。これは明らかに矛盾している。どう考えれば整合的な説明がつくのか。

商品売買について言えることは、むろん労働力商品についても言える。サラリーマンやＯＬと呼ばれる賃金労働者・給与生活者は、労働力を商品として売ってその使用価値(具体的な役立ち)である労働を提供する見返りに、賃金・給与を受け取っている。つまり労働と信用との交換を行なっている。このイコールについて、ご当人たちはどう考えているのだろうか。日常生活の中では考えることはなくても、問われればどう答えるのか。

商品と金や銀などの金属貨幣との交換を説明するのは、さほど難しいことではなかった。金属貨幣も、金鉱石や銀鉱石の採掘・製錬などに多大な労働を要した点では労働生産物と見なすことができたからだ。商品と貨幣は労働生産物として仲間同士だった。しかし、労働生産物のカテゴリーではくくりきれないお札となると、なかなか厄介である。どう説明すればよいのか。

協働論によってこそ説明しうるというのが本書の立場である。労働生産物についても協働の観点から捉え直そうとする。お札の価値の内実も商品の価値の内実も協働として把握できれば、お札＝商品は協働＝協働となって矛盾を克服することができる。――これが立論の基本線となる。

（3）効用＝信用は成り立つか

ここではもっぱら労働価値論を、その中でも価値形成に関しては労働の役割しか眼中にない労働一元論を標的にしているが、**商品価値の内実は効用であるとする効用価値論**のような考え方もある。この学説にも、さかのぼればあれこれの萌芽的な先例があるが、１８７０年代にイギリスの**ウィリアム・ジェヴォンズ**（１８３５―82）、フランスの**レオン・ワルラス**（１８３４―１９１０）らが限界効用学説として体系化（数式化）し、その後世界に広まった。

当時はまだまだ兌換銀行券の時代だったから、一足飛びに不換中央銀行券の時代まで飛んで問いを立てると、はたして効用＝信用という等式は成り立つか。商品価値の内実が効用であるのなら、商品の交換相手であるマネーの価値の内実も効用でないとイコールでは結べない。

確かにマネーには効用がある。どんな商品とでも交換できるという意味での一般的な使用価値がある。これが主要な効用と言えよう。副次的には、マネーは腐ったりかさばったりしないので、富の蓄蔵手段として適しており、持ち運びにも便利である。マネーには効用があるという一面だけを取り出せば、効用＝効用という等式が成り立つように見える。

しかしマネー（お札）が効用を持つというのは、お札が商品との交換可能性を持つことを前提した上での話であろう。お札と商品とが交換可能である（お札でモノが買える）ことを根拠づけなければならないときに、お札の効用を前提したのでは**順序が逆**であろう。〝1階のない2階だけの家屋〟を建てようとするようなものだ。

労働価値論者も効用価値論者も、主たる関心事は商品価値のほうにある。お札の通用力についてはどう考えるのか。商品価値もお札の通用力も両方とも同時に説明する必要がある。

ところが経済学者たちは、おしなべて、左辺に労働または効用を置き右辺に信用や強制通用を置いたまま、平然と等号で結んで商品売買について説明したつもりになっている。こんなにも身近な経済事実について、「商品は商品論のテーマ」「マネーは金融論のテーマ」という分裂した捉え方をしていることを自覚していないのは驚くべきことだ。

もっとも、身近なことほど解明が遅れがちなのは科学史上のパラドキシカルな一事実であるが、それは、解明などされなくても日常生活を営む上では支障がない場合であろう。お札の場合はどうなのか。ともあれ、**商品とお札の交換はどうして成り立つのか**という問いが、**経済学者の認識水準を測る試金石**になるだろう。

(4) 現代マネーに即して

現代においてはマネーが、かつてないほど大きな役割を果たしている。いろいろな意味で大きな役割を果たしている。2008年のリーマン・ショックのように、膨大な余剰マネーが金融恐慌を引き起こしたりして世界経済を揺さぶっていることも、その一つである。ひと頃(「福祉国家」論が流行したような時)は財政政策が大きなウェイトを占めていたが、今日では金融政策のほうが大きなウェイトを占め、かつ注目されている。

ただ、お札の時代にまともなお札論がないとすれば、金融政策を遂行する上で何か不都合が生じはしないか。商品論とお札論は不可分一体であることをキチンと(原理的に)踏まえないで、資金(お札)供給の意義をあれこれ語れるのだろうか。金融緩和によるお札量の増大は、どのような経路で商品の売れ行き増に結びつくのであろうか。が、ここでは金融政策論を課題としていないので、**原理的な地味な話に限定**しよう。

2　不換中央銀行券（お札）の基本性格

(1)　兌換銀行券との対比

　不換中央銀行券の発生過程や基本性格などに関して行なわれてきた従来の議論は、概略次のようなものである。金融論専攻の学徒以外の人たちにはなじみが薄いと思われるので、念のため略記しておく。ここでも「信用」という人間密着語が重要な役割を果たしている。

　不換中央銀行券の発生過程は、主に金本位制の行き詰まりと管理通貨制への転換として説明される。この点については後ほど（Ⅱ・6(2)「事物世界の変容」）手短に触れる。

　不換中央銀行券の基本性格については、兌換銀行券との比較論が必要なので昔話が中心になる。この意味での昔話は今日のことを知るためにも必要である。

▼兌換銀行券の変遷

まず、①商品取引で用いられる商業手形（約束手形、為替手形）と、②商業手形と引き換えに振り出される銀行手形について説明される。商業手形は、商品の買い手が代金を売り手または売り手の指図した受取人に後日支払うことを約束した債務証書であるが、商品の売り手が買い手の支払い能力を信用するからこのような取引が成り立つ。商品取引（商業）に関する信用だから**商業信用**と呼ばれる。

商業手形の所持人（商品の売り手）が手形を満期日前に銀行業者に買い取ってもらい（手形割引）、見返りに銀行業者自身が振り出す手形を受け取ると、この銀行手形のほうが商業手形よりも流通力が大きい。単なる一業者（産業資本なり商業資本なり）が振り出す手形と、預金を集めて経営されている銀行の手形との違いである。銀行（業）の歴史を辿る際には、中世以来の金細工師（ゴールドスミス）に言及するのが定番になっており、これが**銀行業の萌芽形態**とされる。ゴールドスミスは職業柄、金の知識が豊富で、堅牢な保管金庫も備えていた。そこで、金を預け入れる者、預かる業者も現われた。当然、その預かり証は裏付けが確かだから大きな流通力を持つ。

そして17世紀のロンドンには、預り業務とともに貸出業務を営むゴールドスミスも現われた。資本主義発達史の観点からは、商業手形を割り引く（満期日までの利息分を差し引いて買い取る）見返りに自前の手形を振り出すことが大きな転換点をなす。流通力の大きな銀行手形が数多く振り出されるようになると、それだけ商品取引が活発化し、商品生産にも刺激を与えるからである。そのような意味での**銀行手形が兌換銀行券の最初の形**である。

銀行券は商品取引をベースにして誕生した。したがって、商品取引が盛んになればなるほど銀行券の発行高も増大する。今日では商業手形を買い取って代わりに引き渡すのは中央銀行券（お札）であるが、かつては、③でも見るように民間の銀行業者が兌換銀行券を発行していた。もちろん、兌換銀行券を発行するにはそれ相応の金準備が必要である。

③次に、最も先駆的かつ豊富な銀行券発達史を持つイギリスの経験に即して、以下のことが説明される。項目のみを列挙すると――。個人銀行業者（private banker）が兌換銀行券を発行していた時代の金融制度。世界で2番目に古い中央銀行であるイングランド銀行が、株式銀行として1694年に設立された背景事情やイングランド銀行の性格の変遷（最古の中央銀行は1668年設立のスウェーデン・リスクバンク）。ロンドン以外の地方に設立された株式銀行の発行する銀行券とイングランド銀行券との差異。1844年のイングランド銀行法（ピール条例）の制定時点では多数あった発券銀行（個人銀行業者207、株式銀行72）の銀行券発行権を、イングランド銀行が集中独占することが企図され、名実ともに中央銀行として確立するに至るプロセス、等々。

こうした歴史的展開を跡づけながら、④これらの銀行券や、戦費などの財源調達のために発行されていた政府紙幣と対比しながら今日の不換中央銀行券が性格づけられる。何事によらず、その由来や経過してきた事情次第、つまりは来歴を振り返るのは大切なことである。現在の姿が長い歴史の一コマにすぎないことを知るだけでも、いっそう深みのある理解を可能にするであろう。ただし、現在の姿を原理的に捉える作業は、これとは区別される課題をなす。

（2）現代マネー論は何を問わなければならないのか

銀行券発生史論・中央銀行券発達史論のたぐいは少なからずあるけれども、現代マネー論の中心課題は、政策的なことは度外視して原理的なことに限れば、不換中央銀行券がなぜ現金通貨として広く一般国民の間で流通しているのか、その根拠を明らかにすることである。経済学者も含めて一般的に、中央銀行券の通用力を**法定通貨（法貨）としての強制通用力**に求めるか、でなければ**信用**に求めるかしている。強制通用力と信用のどちらに求めるのが正しいのか。

課題は二重である。一つは、中央銀行券が通用力（価値）を持つ根拠を説明すること。もう一つは、中央銀行券の交換相手である商品との等価関係が成り立つ根拠を説明すること。これらの課題を別々のものとして切り離すことはできない。課題は二つではなく「二重」である。なぜなら、中央銀行券が通用力を持つというのは商品と交換されることだからである。両者の違いは、説明の力点を中央銀行券のほうに置くか商品のほうに置くかという違いにすぎない。要は、中央銀行券論は中央銀行券だけの問題ではなく商品の問題でもあるということだ。

さて、商品と中央銀行券との等価関係に関しては、商品価値の内実をなすとひとまず言いうる労働と中央銀行券の強制通用力とは、互いに異質のもの同士だからイコールで結ばれる関係にはない。また、お札の通用力の内実は信用であるとした場合でも、商品は労働生産物ではあっても〝信用生産物〟などではありえないから、やはり商品とお札はイコールで結ばれるような関係にはない。いずれにしても**商品と中央銀行券との等価関係の説明がつかない**。どう考えればよいのだろうか。

中央銀行券論は商品価値論と不可分一体である。このことに気づくことが問題解決への第一歩となる。それぞれを金融論と商品論の分野で別々に取り扱っている限り正解は得られない。

国民は日々お札を使用している。「中央銀行券」という言葉を知らない人も多い。ましてや、その歴史的な発生過程や、かつての兌換銀行券なり政府紙幣なりとの異同などには何の関心もない。それでも、お札を使用する上で少しも差し支えない。お札は日々支障なく流通している。お札の使用当事者たちは中央銀行券の「本質」など知らないし知る必要もない。むしろ、知らなくても円滑に流通しているところに中央銀行券の「本質」はあるとも言える。

▼「日銀の借用証書」という説明は?

これに対して、日本の場合であれば日本銀行券の「本質」は日銀の債務証書(借用証書)にすぎない点にある、という説明がしばしばなされる。そのことは、日銀券を「発行」するというのはどういうことか、独立行政法人国立印刷局で「製造」された日銀券はいつの時点で「発行」されたことになるのかという話に関連する。

日銀が民間の金融機関に国債や社債、手形などを担保にして貸し出す、あるいは国債を買い取る時、いったん金融機関の日銀当座預金口座に貸出や国債購入に見合う額の資金を振り込む。その預金が引き出される（いわばシャバに出る）時にはじめて日銀券が「発行」されたことになる。それゆえ日銀券は国債などを担保に貸し出す際の借用証書であると言える、云々。

ほかにもいろいろな説明の仕方はあるが、いずれも、日銀券は「発行」された以上は通貨として通用力を持つことを前提にした話であって、なぜ通用力を持つのかを問うものではない。そこは素通りしている。

しかも、右に見たことは日銀と民間金融機関との貸借関係あるいは債権債務関係にほかならず、一般国民は、たとえ日銀や民間金融機関の職員であっても職務を離れれば、日銀との直接の関係は何もない。日銀から貸出を受けることも国債を買い取ってもらうことも一切ない。それゆえ**一般国民にとっては、日銀券が借用証書であることなどどうでもよい**ことである。だが、日銀とは直接関係のないそのような**一般国民こそが日銀券の通用力を生み出している**のではないか、というのが本書で説こうとしていることなのである。

（3）協働価値論に向けて——マネーも商品も「協働」という視点で

中央銀行券を把握するための理論枠組として、本書は協働価値論を提唱している。そして中央銀行券を十全に把握するためには中央銀行券の交換相手である**商品に関して**も労働価値論から脱却し、**労働価値論を協働価値論として編制替えする必要**があると主張している。その趣旨は、労働一元論を脱して鉱物資源などの天然素材（自然物）の価値も認めることが大事である、ということではない。天然素材の価値も認める、いわば修正された労働価値論を、商品と中央銀行券との交換場面では再修正すること、すなわち商品価値の内実を労働に求める考え方そのものを脱却して、協働に求めることが必要だということである。商品価値を論じているだけなら修正された労働価値論でも十分間に合うかもしれない。「論じているだけ」なら。しかし実際に商品を中央銀行券と交換するとなると、商品価値論だけでは車輪が片方だけしかないことになるから、事はスムーズには運ばない。中央銀行券論にも商品価値論にも共通する協働論の地平に立たないと真っ当な説明は無理である。

別の言い方をすると、商品の価値とは何かというふうに商品に視野を限定した捉え方をしている限り商品価値を捉えることさえできないということ、その意味での価値論は不換中央銀行券の時代にはもはや無意味であるということだ。もしお札を労働生産物として捉えることに何の問題もないのなら、交換相手である商品も、天然素材の価値を加味する必要があるとはいえ労働生産物のままでよい。しかし交換の主導権を握っているマネー（お札）の価値の内実が協働であるとするなら、商品も協働生産物として捉え直す必要がある。

3　商品とお札との交換

（1）商品価値とは

今も触れたように、考察対象を商品に限定してマネー論を踏まえない商品価値論はもはや存在意義を持たない。通常は、あるものを知るには当のものに視野を限定して一意専心、研究を集中していればよいと思われがちであるが、そうではないのである。かつて全大学を批判した学生たちの言葉でいえば、「専門バカ」ということにもなりかねない。たとえば原発のことをよく知るためには、分野を異にするように見える地震や津波のことにも視野を広げる必要があるわけだ。

「研究テーマ」をある特定のことに狭く限定するのは、研究者自身の能力その他の都合から来ることで、必ずしも当のことそのものから来る要請ではないことに留意する必要がある。商品は交換相手であるマネー（今日ではお札）との関係においてのみ存在意義を持つ。商品は協働生産物であるとする目標に向けて、手順を踏んだ説明をしてゆこう。

▼価値実体論は不要である――マルクスの徒労

商品価値とは「財やサービスが商品として持つマネーとの交換力」のことと言えよう。商品とマネーとの交換は商品売買とも言うから、商品価値とは「**商品として売れる力**」と言い換えてもよい。商品はマネーと関係づけられてはじめて意味を持つ。これが大事な点で、商品価値は現実には交換価値としてしかありえないのである。売れなければ話にならない。

商売人や営業担当者ならだれもが身にしみて痛感していることだろうが、自称「研究者」はそうではないようだ。交換価値は価値の現象形態にすぎないとして、現象の奥底にある「本当の」もの、価値そのものを突き止めようとする企てがマルクスらによって行なわれてきた。この企てには日本の研究者たちも大勢参加した。だが、何か実りはあったのだろうか。「一生を棒に振った」人も少なくないようだ。

ここは長々と講釈する場ではないので手短に済ませよう。『資本論』の冒頭（最初から二つ目の段落）で、マルクスは商品が売れることを前提することから話を始めている。なぜなら、商品とはまず第一に人間の欲望を満たす物である、という使用価値規定から出発しているからである。商品が使用価値を持つというのは、自分の生産物で自分自身の欲望を満たすとか、他人の欲望を満たす場合でも年貢米の貢納のように代金支払いなしにというのとは違って、まさに買い手（他人かつ代金支払人）にとっての話であり、売れることにほかならない。

ところがマルクスは、「売れる」ということは一切口にしない。売れるなどと言えばマネー（貨幣）が登場しなければならず、商品論の冒頭から貨幣論になってしまうからだ。貨幣に関しては、価値形態論で貨幣の必然性を論理的に詳しく考察してから述べる、という体系構成があらかじめ出来ていたので、それまでは貨幣のことを口にすることはできない。売れること、つまりは貨幣所有者の存在を想定しておきながらもっぱら商品の話に限定する。ここからしてすでに論法の無理があった。

マルクスは次に交換価値の話に移る。まず、使用価値は富の社会的形態を問わず富の素材的な内容をなしているが、富が商品形態をとる場合には使用価値は交換価値の素材的な担い手になっている、と言う。素材的な内容とか素材的な担い手とかの言い回しはわかりづらいが、要するに文意は、どんな社会においても富は使用価値があるから富なのであるが、富が商品として売りに出される場合はもっと限定されて、交換相手にとっての使用価値でなければならないということ。パンは食べればうまい、栄養にもなるはずであるが、商品としてのパンは買い手がいてはじめて現実に役立つ。物物交換のことではなく売り買いが大前提になっていることは、冒頭センテンスで、「資本家的（資本制）生産様式」のもとでの商品を考察すると主題設定をしていることから明らかである。

一般に、どういう方向に議論を進めてゆくかは論者当人の意図次第である。したがって、右に見たことから、では商品が売れるとは、商品が貨幣と交換されるとはどのようなことなのか、という具合に、貨幣を登場させて、本格的にではなくてもなにがしか貨幣の話をするという叙述の仕方もありえただろう。もちろんマルクスの時代においても、貨幣は『資本論』第二章「交換過程」論で詳しく説明されているとおり、とうの昔に現存済みなのだから。

ただしかし、このような受け止め方は、いわば素朴な経験論に基づくもので、価値形態論に見られるようなマルクスの論法とは相容れない。マルクスはここでは、「交換価値は、まず第一に、ある一種類の使用価値物が他の種類の使用価値物と交換される量的関係、すなわち割合として現われる」という議論をし始める。交換「価値」の話をしているのに、どうして物と物との量的関係の話になるのだろうか。どうして貨幣を登場させないのだろうか。アダム・スミスが設例したビーバー1頭とシカ2頭との交換のような物物交換（後述）とどこが違うのか。このあたり、必要な議論だったのか。本当に言いたいことを後ほど際立たせるために、前もって余分な議論をしておくという論法（戦術？）とも言えよう。

交換価値は「時と所によって絶えず変動する関係、偶然的なもの、純粋に**相対的なもの**」とされ、その正反対の**「本当の」もの**を求めて掘り下げ作業を進めてゆく。そしてついに「抽象的人間労働」概念に行き着き、これこそが「**価値を形成する実体**」であるという結論になる。マルクスは原文で10ページ以上も費やして、四苦八苦、悪戦苦闘しつつ難解な議論を繰り広げながら、この結論に到達している。

だが、**この苦労は空振りに終わった**。使用価値を形成するのが労働であるというのは確かだが、しかし抽象的人間労働が価値を形成し、かつその量が価値の大きさを決定するとは言えないからである。商品は使用価値物であるとするところから出発し、どんどん掘り下げ作業を進めて行ったが、それは無駄な努力だった。使用価値を形成するのは製パン業者が小麦粉をパンに変形加工するといった個別具体的な有用労働である、というところまでで十分だった。抽象の世界に入り込む必要はなかった。

なぜなら、商品にとって最大のポイントは売れるかどうかということであり、それは買い手すなわち貨幣所有者が決めることだからである。貨幣を登場させずに商品のみをいじくり回して商品価値を突き止めようとしても、それは無理である。

▼「売れて」はじめて価値となる

マルクスが行なった一般的かつ抽象的な話は形而上学(メタフュジックス、事物の学を超えた学)——そもそも「在る(sein)」とはどういうことなのかに関する根源的探究——に属する。買い手が「これは役立つ(だろう)、それならこれだけの代金を支払おう」と思えば、それで一件落着である。形而上学は要らない。商品生産者サイドのこと、とりわけ労働のことをあれこれ微細に論じても、商品は実際には売れないこともあるから、抽象的人間労働論など書斎派の現実離れしたモノローグにしかならない。総じて買い手サイドのことが(無視されているわけではないが)軽視されている。

ここでは立ち入る必要はないが、買い手軽視が『資本論』体系における消費論の手薄さ、ないし消費者論の不在となって表われており、資本主義発展が進むにつれてますます大きな欠陥となって露呈する。

商品は売れるから価値を持つ。抽象的人間労働を含むから価値を持つのではない。商品が買い手に売れる時の値段を「価値」語で表わしたものが交換価値であるが、この交換価値に先立つ価値なるものは現実には存在しない。単なる思考の産物である。商品価値は貨幣との交換関係においてのみ、交換価値としてのみ有意味である。交換価値という「現象形態」の奥底にある「価値そのもの（価値実体）」なるものへの関心は、いかに「唯物論」と称してもやはりドイツ・イデアリスムス（理念主義）の流儀を踏襲するものであった。

価値実体に関する探究は、商品が貨幣との交換を実現しうること、売れることを前提にしている。どこまで掘り下げても、価値実体なるものは交換価値と切っても切れない関係にある。実際には貨幣に依存していながら叙述の上では貨幣を無視する。貨幣については、きちんと（論理必然的なものとして）概念規定した上ではじめて叙述に登場させることができるとする流儀をかたくなに（厳格に？）墨守した。事実上は商品が売れるという前提から出発しておきながら、考察はそちらの方面には向かわないで、もっぱら生産者サイドの労働のことにしぼられていった。

▼品不足時代の産物

商品が価値を持つのは労働が投入されているからだ、ゆえに商品は貨幣との交換に先立って価値を持つ、とする捉え方は、もともとは生産力発展が低位段階にあった時代の産物である。その段階では、必要なものが十分には供給されない品不足が基調をなしていたであろうから、供給サイド本位の価値論が正しいように見えた。「労働こそが富の源泉である」（アダム・スミス）という信念が根底にある。しかし労働は、いつも必ず富を生み出すとは限らないから、富の源泉ではありえないこともある。後ほども「労働の意味と無意味」という観点から見るように、**労働は、商品経済においては商品が売れる限りで、買い手にとって富である（＝使用価値を持つ）限りで富の源泉**である。

マルクスの時代（『資本論』初版は1867年刊）は恐慌も不況も起きる、品余りが生じることもある生産力発展段階にあったが、『資本論』第一章で商品価値を考察する際にはまだ恐慌や不況のことは考慮されていない。せいぜい第三章「貨幣または商品の流通」の第二節「流通手段」において恐慌の抽象的一般的な可能性が、すなわち、商品の売りと買いが分裂していること、売れたからといってすぐさま買いに結びつくわけではないことが指摘されているにとどまる。

そもそも**売れるというのは「命がけの跳躍」**――こちらの崖から向こうの崖に跳び移るようなものだと言われてはいるけれども、一般的抽象的な理屈として説明されているだけで、少なくとも商品価値論では「売れない」ことは想定されていない。むしろ、商品価値を「抽象的人間労働」というオリジナルな（マルクス独自の）概念によって根拠づけるためにも、品不足時代の労働絶対視をそのまま引きずるのが整合的かつ好都合だったのである。

もし生産現場で労働が投入されただけで商品が価値を持つのなら、売れないとか売れ残るということはありえないはずだが、事実はそうではない。せっかく投入した労働が徒労に終わることもある。それはマルクスによれば、「平均的に必要な、すなわち社会的に必要な労働時間」を上回って投入された労働であったからだ（その分、「本当の」商品価値を上回る値段を付けなければならないからだ）、ということになる。では「平均的に必要な、すなわち社会的に必要な労働時間」とはどのようなものか。「現存する社会的に通常の（ノーマルな）生産諸条件と、社会的平均度で発揮される労働の熟練および強度とをもって、何らかの使用価値をもたらすのに必要な労働時間」のこと。

だが、この定義に接して、なるほどと了解できる人がいるだろうか。「ノーマルな」とか「平均」とか言っても、だれがそのように認定するのか。どのようにして測定するのか。競争が行なわれるようになれば、ある程度「社会的平均値」もはっきりしてくるだろうが、体系構成上ここではまだ競争に言及するわけにはゆかない。競争は『資本論』体系においてはずっと後ほどのテーマである。この段階で「社会的必要労働時間」を持ち出しても正確な定義はできず、内容空疎にならざるをえなかったのも無理はない。

しかも実際問題として、**「社会的に必要な労働時間」の要件を満たしていても商品が売れないことは多々あるし、要件を満たしていなくても売れることはある。**マルクスは、商品が価値を持つか持たないかは売れるかどうかで決まると言えば話が済むところ、そのような言明は何としてでも避け、あくまでも価値の存在根拠を唯一労働にのみ求めようとして、意味不明の曖昧な言葉を並べ立てているにすぎない。マルクス流に労働の意義を強調しても、労働する者たちへのコンソレーション（慰め）にしかなるまい。労働者階級への思い入れが強すぎて理論面にも影響したのだとすれば、**イデオロギーが理論を規定した**ことになる。これはマルクス自身にとっても不本意なことであったろう。

▼労働が生むのは可能的使用価値にとどまる

商品価値の正しい把握とは、どのような生産力発展段階にあろうと**マネー所有者が商品価値の有無および大きさを決める**、という単純な事実認識に尽きる。

商品の買い手つまりマネー所有者は、商品に含まれている労働量などに関心はない。商品の役立ち（使用価値）と値段（マネー額）にのみ関心がある。役立って安ければそれでよい。**哲学的な価値論議などどうでもよい**ことである。商品の使用価値を生み出すのは——天然資源（自然物）の場合を除けば——労働である。しかし現実に役立つかどうかは、マネー所有者に買われるかどうかで決まる。**労働が生み出すのは可能的使用価値であるにとどまる。**可能的とは、（使用価値で）ありうるが、まだどうなるか不確かなこと。

もしマネー所有者に買われて現実的な使用価値を持つことになれば、その商品はマネーと交換されるに値するものとして価値を持つことが実証されたことになる。生産過程で労働が投入される↓可能的使用価値が生み出される↓買われる↓現実に（本当に）使用価値を持つことが、と同時に売れ値相当の価値を持つことが実証される、という因果順序になる。この単純な理屈は、生産力発展段階のいかんを問わず一貫した真実である。

なお、ここでは「**可能的**」と「**現実的**」という二つの形容詞を使い分けている。先には（1(1)「商品価値は…」）原油を例にとって「**潜在的**」と「**顕在的**」との使い分けをした。これら四つの形容詞の関連はどうなっているのか。こまかい議論のようだが、念のため整理しておくと――。

顕在的使用価値と可能的使用価値とは、表記は異なるが意味内容は重なる。顕在的使用価値は物的素材の成分や性質、働きなどに即した言い方。顕在的とは、日の目を見た、手の届くところに来た、の意。他方、可能的使用価値は物的素材をめぐる売り手と買い手との関係に即した言い方である。原油は、地層に眠っている間は潜在的使用価値を持っているにすぎない。それが採掘されて地表に現われ出ると顕在的使用価値になり、実際に使用価値として使用可能になる。しかし可能的使用価値を持つようになっても、買い手がつかなければ実際には使用されない。買われてはじめて現実的使用価値になる。

まとめると、**潜在的使用価値→顕在的使用価値＝可能的使用価値→現実的使用価値**。鉱物資源の場合であれば、前半はもっぱら資源開発企業にとっての話であり、後半は買い手との関係ではどうかという話になる。このようなことは、理屈としては鉱物資源に限らず漁業資源や未開地など、人間に役立ちそうだがまだ人間の手がいっさい加わっていない天然素材（自然物）すべてに当てはまる。未開地の場合は、土地開発業者（ディベロッパー）が原油開発企業と買い手とを兼ねたような役割を果たすので、一足飛びに潜在的使用価値→現実的使用価値となる。

（2）お札の通用力とは

今度はお札のほうの話である。今日では商品は中央銀行券と、すなわち精緻なデザインをほどこされ、ホログラムなどによる高度の偽造防止装置で武装しているとしても、素材としては単なる紙券と交換されている。自動車などに比すれば材料が安価であるだけでなく、この世に一点しかない芸術家だれそれの作品なども違って、輪転機で大量に印刷された〝作品〟である。にもかかわらず、どんなに高価な商品もお札とごく普通に交換されている。いったい何と何が交換されているのか。また、どうしてそのような交換が可能なのか。

▼信頼関係論は正しいか

商品の売り手は受け取ったお札を他の商品の売り手にも受け取ってもらおうと思っているから商品を手放す、という考え方もあるようだが（岩井克人『貨幣論』筑摩書房、１９９３年、第三章、参照）、そのように言うだけでは何も説明したことにはならない。これはお札を仲介役とする商品所有者同士の信頼関係を述べたものにすぎず、お札が持つ通用力に関する考察も説明も回避している。

そもそも、商品所有者たちは見知らぬ者同士なのに、どうして信頼関係が形成されるのか。商品所有者同士は別に信頼しあっているわけでない。**お札そのものの通用力を信用しているだけ**である。だから商品を手放してお札を受け取る。他の商品所有者もまったく同じ。どの商品所有者も（そして買い手も）終始、即物的である。商品売買の場面では、お札そのものしか眼中にない。人間関係のことが脳裏をかすめることがあるとしても、それは副次的なファクターにすぎない。それゆえ、商品の売り手・買い手を問わずだれもがお札の通用力を信用するのはどうしてなのか、という点を説明することが先決課題となる。

念のため注記しておくなら、商品所有者同士の間でも売り手と買い手の間でも信頼関係が生まれることは大いにありうる。それはしかし、相互の間で売買が繰り返されて「お得意さん」になったりした場合の話で、売買が可能なのはどうしてなのかということとは別次元の話である。

お札は、商品との交換を商品所有者の手放し意思に依存するだけの、他力頼みの受動的存在ではない。交換のイニシアティブをとりうる能動的な存在である。商品売買（商品とお札との交換）は、商品所有者同士の信頼関係などとは別の根拠で成り立っている。

▼何が問われているのか

商品とお札との交換が可能な根拠を説明しなければならない。商品―お札―商品という三者連関を最初から持ち出すのではなしに、まず商品―お札という前半部分に限って、またお札―商品という後半部分に限って、それでもこの交換が成り立つ根拠を示さなければならない。売り手はどうしてお札という紙券と引き換えに商品を手放すのか、また買い手はどうしてお札という紙券と引き換えに商品を入手できるのか。それらの根拠を明らかにするためには、「お札とは何か」という意味でのお札の本質（「何」の正体）を解明しなければならない。核心をなすのは、**お札が独自の価値を持つのかどうか**ということだ。

①もしお札が独自の価値を持つのなら、商品との交換は簡単に説明できる。マネー所有者が商品を買いたいと言えば、商品所有者が商品の手放し（交換）を拒む理由はないから、交換の可能根拠をあらためて問う必要はない。価値の成り立ちや内実の説明をすることが課題となる。

②もしお札が独自の価値を持たないのなら、どうして商品所有者は商品を手放して単なる紙券を受け取るのか。逆に、どうして単なる紙券で商品を入手することができるのか。これらのことが問題になる。この場合は交換が可能である根拠が問われる。

4　強制通用力と国民信用

（1）法貨とは

中央銀行券は法律によって無制限強制通用力を付与された法貨（legal tender）である。国家が中央銀行券（わが国では日銀券）による国庫への租税納付を無制限に強制しうる。また私人間の取引においても、支払人は相手に日銀券の受領を無制限に強制しうる。相手は日銀券以外の、たとえば金《キン》で支払えとは言えない。まず、こうした強制通用力をどのように理解するか。

▼強制力が通用しない場合もある

中央銀行券に強制通用力が付与されるのは今日の不換中央銀行券に限ったことではない。中央銀行券である以上は、国家意思としての強制通用力が――強弱の差はあれ――つねに付与されてきた。イングランド銀行券の展開史を振り返ってみると、中央銀行券が兌換性を持っている場合でも、個人銀行業者が発行する兌換銀行券を駆逐して銀行券を中央銀行券に一本化する狙いで、中央銀行券にのみ強制通用力が付与されたことがある。あるいはナポレオン戦争期に兌換が一時停止されて不換銀行券化した際には（1797―1817年）、強制通用力がもろに前面に押し出された。

わが国の中央銀行券に関しては、1942（昭和17）年の日本銀行法で法貨規定が与えられた。第四章第二十九条「日本銀行ハ銀行券ヲ発行ス」（第一項）、「前項ノ銀行券ハ公私一切ノ取引ニ無制限ニ通用ス」（第二項）。この日本銀行法が全部改正されて、新法が1998（平成10）年4月1日から施行された。「第五章日本銀行券」の第四十六条には「日本銀行は、銀行券を発行する。2　前項の規定により日本銀行が発行する銀行券（以下「日本銀行券」という。）は、法貨として無制限に通用する」とあり、法貨規定に関する限りは旧法と事実上同じである。

法律によって強制通用力を付与しようとしても、付与者である当の国家自体が敗戦や混乱状態などのために安定的に存立しえていない時には、中央銀行券それ自体が国民の信用を十分に得ることはできないから、実質的な通用力を持つことはできない。たとえば2004年12月、ウクライナで大統領選挙をめぐる混乱と国家分裂の危機に際し、フリブナ通貨のアメリカ・ドルへの両替を求めて市民が銀行に殺到する事態が起きた（その10年後にもまたもやウクライナ危機が起きたが）。このような事例は珍しくない。**強制通用力といっても条件付きの通用力でしかない**ことの一例にはなる。

▼だれが何を「信用」するのか

さりとて、「信用貨幣」論を持ち出せば済むかというと、事はそう簡単ではない。信用貨幣にもいろいろある。先に（2(1)「兌換銀行券との対比」）見た商業手形もその一つである。商品の売り手が買い手から受け取った手形（支払債務証書）を、自分自身が第三者への支払いのために裏書きして譲渡すれば債権は移転し、この手形は貨幣として機能したことになる。これを「信用貨幣」というのは、もともと商業手形は商品の売り手が買い手の支払い能力を「信用」していることをベースに成り立つからである。

あるいは、商業手形を割り引いて振り出された銀行手形（銀行券）が「本来の信用貨幣」と呼ばれることもある。ここに「本来の」とは「その名に最もふさわしい」の意で、結局は兌換性を持っていること。

一口に「信用」といってもまちまちだから、①**だれが**、②**何を信用するのか**が問題になる。国民が中央銀行ないし国家権力を信用するということになれば、商業手形などとはまったく次元の異なる信用の話になるが、それとても中央銀行券がお札として通用するための一つの要件にすぎない。それだけで話が片付くわけではない。――先を急ぎすぎないで順々に見てゆこう。

「強制通用力」といっても、強制は相手のあることだから相手の受け止め方や対応の仕方次第では通用力を持たないこともある。これが重要なポイントをなす。何事によらず、「強制」がまかり通っているように見える場合でも、最低限、強制される側が不承《ふしょう》不承《ぶしょう》にでも承認していることが必要である。

では、何を承認するのか、承認するための条件は何か。たとえそれらの点が明らかになったとしても、それで十分とは言えない。一方の側には中央銀行ないし国家権力が、他方の側には国民が位置していて、「どうだ、承認するのかしないのか」というお上《かみ》本位の構図になってしまうからである。

強制される側すなわち国民が協働して支えあうことが是非とも必要なのである。「法律で強制通用力を付与されているから無条件に通用力を持つ」と思うのは、近代以前の思考パターンで、あまりにも情けない。それに、国民すなわちマネーの使用当事者たちの活動連関を、その意味での協働のメカニズムを無視している点で、その対極にある「物象化的錯視（見損じ、捉えそこない）」に陥っている。「物象化」など一部の物好きの言うこと、と高をくくっている人たちの中にも、該当者は少なくないわけだ。

(2) 国家権力の信任と国民信用

国家の大黒柱をなす**国家権力が国民の信任を得て正統性**（legitimacy）**を保持していることが、中央銀行券が通用するための前提要件**となる。その限りで国民は中央銀行券を信用し、これを受け取るのと引き換えに手持ちの商品を手放す気になる。このような信用の連鎖に支えられて中央銀行券は通貨として商品流通の手段になる。あるいは「富の蓄蔵手段」にもなる。ただ問題は、国民が中央銀行券を信用するという時の**「信用」の中身**である。

追い追い見てゆくように、中央銀行券は単なる紙券でありながら、その通用力は国民という名の膨大な人々に支えられて成り立っている。これが一番大事な点である。お上《かみ》から強制通用力を与えられているから通用する、という前近代的な性格のものではない。お札の通用力は多数の人々による無自覚的な支えあいによって成り立っており、そしてこのような協働の存立構造は、後述するようにさまざまな事項にも共通している。

なお、「信用貨幣」論は中央銀行券の発行者である中央銀行に対する「信用」を重視するが、国民は中央銀行の何を信用するのであろうか。商業手形であれば、商品の売り手が買い手の支払い能力を信用することをベースにして事が運ばれるが、今日の中央銀行券に関しては、中央銀行と国民との間にそのような信用関係はない。中央銀行は国家権力の一機関だから、国家権力が法律に基づいて中央銀行券に強制通用力を付与し、これを国民が信用する——という信用関係しかない。

しかし強制通用力といってもこれを国家権力が実際に発動するのは、むしろ国家権力に対する信任度が低い時なのである。中央銀行券といっても政府紙幣に近い時ほどその傾向が強まる。実際、今日でもそのような国はある。

およそ「強制」力というものは何らかの無理を突破する非常手段である。平穏無事な時には非常手段は無用である。日常的な経済活動が円滑に営まれているのは、強制通用力のお陰ではあるまい。中央銀行券の通用力は国民の支えあいなしに成り立たない、という点に留意する必要がある。国民の支えあいという肝心な点を度外視した信用貨幣論は正しくない。

▼国民はなぜ中央銀行券を信用するのか

手順を踏んだ説明に移る。中央銀行券の通用力について考察する際に真っ先に必要なことは、国家が安定的に存立しえている場合と、たとえば敗戦（「国破れて山河あり」）や体制転換期（ソ連崩壊など）で国家の体をなしていない、不安定な状態にあるといった場合とを区別することである。国家が不安定な状態にある時は強制通用力が強く前面に押し出されるが、国家が安定的に存立しえている時は強制通用力が後景に退いても何も問題はない。ではその場合、強制通用力に代わるものは何か、それが本当の問題である。本書はそれを国民信用に求めている。

留意を要するのは、中央銀行券が**強制通用力を持っているから国民が信用する**——の**ではない**ことである。今も見たように、強制通用力が前面に押し出されるのは国家そのものが不安定な状態に置かれていて、国家権力が国民の十全な信任を得ていない特殊な場合である。そういう特殊なあり方を中央銀行券論の一般的な前提とすることはできない。

通常は（特殊ではない場合は）、①**国家も安定し国家権力も信任するに足る状態**である。ゆえに②その国家権力の一機関である中央銀行が発行する銀行券だから**多くの国民が信用**する。国民が信用するのは、言うまでもなく銀行券の通用力である。しかしその通用力の実質内容は強制通用力ではない。国家を信用し国家権力も信任することは、もはや強制通用力の出番ではないということ、いつまでも強制通用力に頼っているのは国家がまだ安定的に自立できないでいるということだ。

では、強制通用力が後景に退いても大丈夫なのはどうしてか。強制通用力の支えがなくなってしまえば国民は中央銀行券の何を信用するのか、通用力をだれがどういう形で支えるのかという話になる。さらにいえば、国民は何を信用しながら日々の経済活動を営むのかという話になる。その点はこれから説明しなければならないが、説明できたとすれば、③結局は**すべての国民が中央銀行券の通用力を信用**し、個々人の経済活動にも一国の経済運営にも欠かせぬ流通手段になる。

②と③の違いは、中央銀行券を信用するのが「多くの国民」か「すべての国民」かという違いにすぎない。②から③に移行するにつれて、呼び名も中央銀行券とか日本銀行券とかのよそよそしいものから、徐々に「お札」という親しみのあるものに変わってゆく。多くの国民の信用に支えられてはじめて通用力を持つという点がポイントをなす。

▼国家が不安定なケースも想定してみる

右のことを少し別の言葉で再説しておくと——。不換中央銀行券が新規に、装いも新たに発行されたとしよう。新規に発行されるのは、従来の兌換銀行券に代えてというケースもあるが、具体的な経緯はケースごとにさまざまである。ここでは国家が敗戦や体制転換などを経てこれから再建に向かうケースに限定しよう。

当然、国家そのものに対する国民の信用はまだ十全なものではなく、むしろ疑念に満ちている。敗戦で中央銀行券がタダの紙切れと化した苦い経験をもつ国民であれば、なおのことである。新規に発行されたばかりの不換中央銀行券を全国民が一斉に信用するとは、一部の例外（6(3)「お札の定着過程」）を除いては考えられない。国家権力は中央銀行券の強制通用力を前面に押し出さざるをえない。国民としてはどうするか。半信半疑ながら、他に代替手段もないため購買手段や支払手段として用いるであろう。

やがて国家再建が軌道に乗るにつれて、中央銀行券の通用力の実質内容は強制通用力から、国民が互いに中央銀行券を支えあう国民信用に質的に変わってくる。それは国民活力の、そしてその総体としての国力の回復過程でもある。国民も国全体も元気を取り戻すのである。その象徴として、**中央銀行券も国家権力の後ろ盾なしに国民の力で自立**するようになる。**この国民の力が国民信用である**。

強制通用力から国民信用への移行過程は、中央銀行券そのものが価値を持つようになる過程にほかならない。強制通用力は中央銀行券が通貨として定着するための「呼び水」役を果たすのである。これはまことに大きな役割ではあるが、やがて強制通用力はその役割を果たし終えて表舞台から退く。中央銀行券が通用力を持っていることを目の当たりにして、不信感の強かった人々も含むすべての国民がお札の通用力を信用するようになる。一足早くお札の通用力を信用していた人たちも、いっそう確信を深めるだけでなく、経済活動がいっそう広範にスムーズに進むという便益を得られる。

先に（3⑵「信頼関係論は正しいか」項）見たような説明、すなわち、商品の売り手は受け取ったお札を他の商品の所有者にも受け取ってもらおうと思っているから手放す、というたぐいの説明は、③のように、すでに全国民がお札の通用力を信用している段階のあり方を、相互信頼論に置き換えて説明しただけのもの。つまり、肝心のポイントをなす②のような国民信用論を避けて通っている。

▼国民信用は空気と同じ

ところが、論点がまた少し変わるが、**国民は自分たちがお札の通用力を生み出していることに無自覚**である。むろん、お札の通用力を生み出そうという共同目的も意思統一もない。しかし**お札の通用力は国民の協働の所産**である。以下、今しがた見た①→②→③の因果順序に関連した説明がしばらく基調をなすことになる。

国民は①②③という三つの顔を持つ。国民三面相である。つまり、国家に対する半信半疑→国家に対する信→国民相互間の信という具合に表情はそれぞれ違っている（この順序は、日常語でいえば「世の中がだんだん落ち着いてくる」過程でもある）。**あくまでも国民が主役**なのである。

強制通用力だけでは、戦費調達などのために政府が勝手に（中央銀行の権限を超えたところで）

発行した紙幣と何ら変わりはない。政府紙幣のミニチュア版が、軍部が侵略先で物資調達のために発行した軍票（war note）である。こんなものを現地の人たちはだれも信用しない。だからこそなおのこと発行元は強制力に頼らざるをえない。国民の信用が十全でないときは、まともな流通手段（購買手段、支払手段）がないわけだから、商品取引・金融取引など経済活動全般の円滑な営みが損なわれる。

　中央銀行券に関する国民信用が十分に根づいているところでは、通用力を上から強制する必要もない。「強制通用力」などだれも意識していないし、ましてや日本銀行法にその根拠規定があることも知らない。ただ一目見て「お札」としてやりとりしあえばよいのである。**国民信用は、必要不可欠だがその存在を意識する必要がない点で空気のごときもの**。そして動植物が空気の恩恵を享受しているように、中央銀行券の使用当事者たちは、中央銀行券に寄せあう信用（国民信用）が生み出す通用力の恩恵を享受している。人々が日々の経済活動を支障なく円滑に営んでいることが、まさに恩恵享受にほかならない。**国民自身が「空気」をつくり出している**という理屈になる。

　この数行で**中央銀行券（お札）論の要点**は尽きている。あとは詳論と、「協働」語を用いて四角張った説明をすることが主な作業になる。肝心の国民信用については次節「6　国民信用とは」でもう少し詳しく述べる。

　およそ真理は自然界・人間界を問わずシンプルで、簡単な命題形式で表わすことができるが、説明する段になると多くの言葉を要する。多言の大半は、旧来の学説や考え方が間違っている理由の説明と、正しい考え方への橋渡しに費やされる。その意味では学問、とりわけ文系の学問はスイッチバックの「バック」がやたらと多い営みである。

(3) お札の価値の内実

これまで述べてきたことから、先に(3(2)の「何が問われているのか」項)示した②の立場、すなわち、お札は独自の価値を持たないという立場はすでに否定されている。ただし否定の根拠については、より立ち入った説明が必要である。あわせて、①の立場、すなわち、お札は独自の価値を持つという立場を肯定する根拠を示す必要がある。これが当面の主要課題をなす。念のため、②の立場がどうして誤りなのかを再確認し、その上で①の説明に移ろう。

▼強制通用力論が誤っている理由

第一に、経済レベルの商品価値と法律レベルの強制通用力とは相互にまったく異質のもの同士だから、ここには商品とお札とを結びつける共通項は存在せず、したがってインコンパティブルである(互換性がない、両立しない)。商品の価値と法貨としての強制通用力とを一つに結びつけるのは、サッカーの1得点と野球の1得点を同一視するのと似たナンセンスではなかろうか。これでは商品とお札との交換関係を説明することはできない。

第二に、たとえば**ドル札がアメリカ国家の主権も強制力も及ばない諸外国でも通用している**現実を説明できない。海外旅行に出かけた、あるいは居住したことのある人は、だれしもドル札の威力を実感しているだろう（それに比して円札は……）。それらの国々では、一般国民が自分たちなりにドル札を信用するがゆえに、アメリカ国家の意向とは無関係に勝手にドル札を用いているのである。もちろん、相手に受け取ってもらえるからである。

ドル札は強制通用力を後ろ盾にしているから通用しているのではなかろう。それはアメリカという国の政治力・軍事力・経済力・文化力・指導力など、ハードとソフトの両面にわたる総合的な力に対する信用の問題である。日本人が日本のお札について強制通用力を強調するのは、ドル札とは違って、日本国家の主権や強制力が及ばない諸外国では一般国民の間でほとんど通用力を持っていないからであろう。お札の通用範囲が国家主権の及ぶ範囲と重なるから、お札の通用力が強制通用力のお陰のように見えてしまうのである。悲しいことだが、島国的お札論である。

第三に、およそ強制通用力は発券主体が国民の信任を得ていないときに、ないし安定的に存立しえていない時に発動されるものだ。この点については先ほど多くの言葉を費やした。中央銀行券に限らず、政府紙幣や軍票になるとそのことはいっそう顕著である。

以上三つの理由から、中央銀行券が強制通用力を持つことを根拠に商品との交換を説明する論法は、まったく無根拠であることがわかる。

▼相互信頼関係論が誤っている理由

商品―お札という交換に関する多少とも真実味のありそうな説明は先に見たようなこと、すなわち、商品を手放して見返りに受け取るお札で別の商品を入手できると思っているから手放す、というものであろう。この説明の欠陥は、お札で別の商品を入手できる根拠を、お札が独自に持っている価値に見出すのではなしに、別の商品所有者の手放し意思に見出しているところにある。ここでは先ほどとはやや別の角度から検討しておこう。

商品とお札との交換を商品所有者の手放し意思に依存する場合、商品の売り手が受け取るのは現実的な等価物ではないことになる。受け取ったお札で他の商品を入手できるかどうかは、今度はその商品所有者の手放し意思に依存することになる。お札には確かなものは何もないわけだ。商品所有者は、近いか遠いかはともかく将来の交換可能力、より正確には当人が将来の交換可能力と信じるもの、つまり観念的な等価物を受け取るにすぎない。受け取ったお札で現実に他の商品を入手できるまでは、商品を手放してよかったのかどうかという不安は消えない。商品所有者間の信頼関係も完結しない。お札に独自の価値があると認めない以上、そういう理屈になる。

お札に独自の価値があるのは、しかるべき協働の裏付けがあるからである。これは上にも見たとおりである。そのことをもっとよく理解するために**金貨幣との手短な比較**をしておきたい。

金《キン》が一商品として持つ価値はそのつど大小さまざまであったが、多種多様な交換関係の積み重ねの中で信用度が増し、他のもろもろの交換物品（家畜その他）を押しのけて貨幣の座に就いた。このあたりのいきさつについては、理論的考察としては**マルクス**の『資本論』第一部第二章「交換過程」を、また実証的考察としては**フェルナン・ブローデル**の大著『物質文明・経済・資本主義』（邦訳はみすず書房）第一巻第七章「貨幣」をはじめとする膨大な文献がある。このような実績（信用の集積）を基盤にして、極印を押された金貨幣は、少しくらい摩滅して名目価値と実質価値とのズレが生じても額面（名目）どおりの価値を持つことができた。

ただし、極印は発行元による保証ではあるが、金貨幣は保証があるから通用するのではない。むしろ、金が単なる一商品として出発しながらも、あれこれの自然属性（全体が均質、持ち運びが容易、任意の諸部分に分割可能また再結合も可能、酸化・腐食しないなど耐久性に富む）のゆえに、そして自然属性だけではなく社会的ファクターも加味すれば、小さな分量で大きな交換価値を持つなどのゆえに、**貨幣の座に上り詰めたという実績（人々の協働の積み重ね）がベース**をなす。単に極印を押してあるだけでは人々の十全な信用を獲得することは難しい。極印は副次的なファクターにすぎない。

人々は、自分と同じような普通の人々が互いに支えあってきて金貨幣の現在があるという実績の積み重ねを信用するのである。極印は、実績の積み重ねを追認した、権威を誇示する単なる記号である。人々の協働実績があるからこそお上《かみ》による保証も生きてくる。1階があるから2階もある。しかるに、〝1階のない2階だけの〟貨幣学説が何と多いことか。

もっとも、金も他の商品も労働生産物として仲間同士だから、相互に交換されやすいという共通ベースはある。しかし極印を押されたコインが、少々摩滅しても額面どおり通用するという事実は、労働価値論のような物理的数量計算だけでは割り切れない部分があること、非物理的なファクターが関与していることを示している。ともかく、お札は金貨幣のような名門の出ではなく裸一貫の平民にすぎないので、金貨幣の場合とは別の根拠づけを要するのである。

要約すると、**金貨幣**は、金地金の価値がそのつどの相場によって上下変動するのに対し、**常に額面どおりの価値を持つ**。しかし**その価値は、多数の人々による支えあいを裏付けにしてはじめて成り立つ**。ある物それ自体が価値を持つ（人であれば、たとえばその人自身が単独で権力を持つ）という捉え方をすると、物象化的な錯視（見損じ、捉えそこない）に陥ってしまうが、その価値は多数の人々に支えられてはじめて成り立つ、という捉え方をすることによって、物象化的錯視をまぬかれることができる。

兌換銀行券も、材料は紙券にすぎないが所持人は必要な時にはいつでも金貨幣または金地金と交換できた点で、右に見たのと同じ理屈で銀行券それ自体として価値を持つことができた。金貨幣や兌換銀行券が「それ自体として価値を持つ」という言い方をする場合でも、人々の協働力あるいは集合力がバックボーンをなしている点には十分注意を払う必要がある。**単なる「物それ自体（あるいは人それ自身）」論ではない**のである。商品は、価値物としての金貨幣または兌換銀行券と交換されることで、自身も価値物であることを先送りされることなく即座に実証し、売り手は商品と引き換えに現実的な等価物を受け取ることができた。

信頼関係論は、お札の独自の価値を認めない。価値の裏付けとなる人々の支えあいにはまったく気づいていないから、お札がタダの紙切れにしか見えない。このため、お札の通用力を保証するものは、確かにこの紙券で商品が買える（売り手に受け取ってもらえる）はずだという**相互信頼関係だけ**であるという論法になってしまう。なんとも頼りない話ではないか。

5　商品とお札との交換は等価交換である

（1）商品の売り手は何を受け取るのか

お札は独自の価値を持たないという見地からは、右に見たような頼りない説明しかできない。だが、この説明は商品経済の実態と相容れないし、理屈の上でも無理がある。少し別の角度から検討しておこう。

第一に、商品の売り手は、商品の手放しと引き換えに受け取るお札を正真正銘の価値物だと思っている。お札を神仏以上に有難がる。これは誤ってそう見られているだけの見当違いではなく、お札の実相を反映した見方なのである。当事者たちの見当違いをあげつらう前に、実相を明らかにしなければならない。

お札が価値物であることを学問上は否認する経済学者も、お札を給与や印税・原稿料、講師謝金、顧問料などとして受け取る場面では、お札を神仏以上に有難がっているであろう。手渡しではなく銀行振込が介在することで、無関心を装うこともできるし、支払人に直接頭を下げなくてもよいとはいえ、よもや骨折り・労苦の報酬が観念的な等価物にすぎないなどとは思っていまい。

第二に、お札は価値物ではないとすると、たとえ商品—お札という交換が成立しても、商品が価値を持つことが現実に（本当に）実証されたことにはならない。受け取ったお札と引き換えに他の商品を入手することができてはじめて、手放した商品は価値を持っていたことが事後的に実証される、商品はお札と交換されただけでは価値を持つことをなお暫定的に認められたにすぎない、という理屈になる。商品はまだ「売れた」ことにはならないわけだ。現物も財産権もすっかり相手方に渡ってしまっているのに、見返りに受け取るのが仮の商品引換券（観念的等価物）でしかないとすれば、〝半ば売れた〟にすぎないという奇妙なことになる。

ましてや、商品を手放して入手したお札を預貯金に回したとすれば、これを引き出したり引き落としたりして代金支払いに充てるまでは、ずっと半永久的にさえもこのような宙ぶらりんの状態が続くことになる。これは明らかに事実に反するし、商品の売り手もとうてい承服できないであろう。

(2) 分裂した捉え方を克服する

商品とお札との交換（商品—お札）は商品と金貨幣との交換（商品—金貨幣）と同じく、正真正銘の、それだけで完結した商品売買である（「同じ」である点がかえって逆に、お札に独自の点の考察を妨げてきたのかもしれない)。そしてそのように言明しうるためには、お札もまた正真正銘の価値を持つという、先に(3(2)の「何が問われているのか」項)挙げた①の立場に立つ必要がある。それ自身で価値を持つお札がイニシアティブをとって商品との交換を行ない、こうして商品も価値を持つことが直ちに実証される。

実際、お札と引き換えに手持ちの商品を手放すことを拒む者はいない。むしろ喜んで手放す。なぜか。お札を正真正銘の価値物として認めているからである。当事者たちのこの認識は見当違いや誤認などではなく、学問的にも正しい。商品とお札との交換は等価物同士の交換である。

商品価値については労働価値論または効用価値論で説明し、お札の通用力については強制通用力論や相互信頼論や信用貨幣論で説明するという分裂したやり方は、経済学者の理論的なお粗末さを露呈して余りある。ここでもまた、「経済学とは何だろうか」と問わねばならない。

商品とマネーとの交換は不可分一体のことだから、商品価値とお札の通用力とを不可分一体のものとして説明する必要がある。商品とお札が交換される際の等号(=)の内実は何か。商品とお札との交換は日々何億回となく繰り広げられている。ところが、どうしてこのような交換が可能なのかを説明していないのだから、お札を素直に有難がる一般人のほうがまともである。

ただしかし、中央銀行券が正真正銘の価値を持つことを言うためには「価値」概念の刷新を要する。これは第Ⅱ章で取り扱うことになる。そのためにも、あとワンステップ踏まえておいたほうがスムーズに移行できるであろう。

6　国民信用とは

国民信用（the nation's credit,das Nationalkredit）という語はすでに登場済みであるが、重要な概念なのでここで詳しく見ておきたい。

(1) 国民信用の成立要件

国民信用とは、中央銀行券に対して国民が寄せあう信用のこと。信用の寄せあいは個々バラバラに行なわれるが、信用の寄せあい全体としては一つの信用集合を形成し、これが中央銀行券の価値の内実をなす。価値を持てば通用力も持つ。受け取りを拒否する者はいないからである。それゆえ、どうして価値を持つことができるのかという問いが第一関門をなす。本書ではしばしば「通用力（価値）」というやや曖昧な表記の仕方をしているが、これは「通用力を持つのはその前提として価値を持つから」という意味である。**不換中央銀行券なのになぜ価値を持つのか**、という疑問に答えることを強調しようとして、なるべく「価値」という語を多用している。

さて、中央銀行券は、たとえ強制通用力を持つとしても国民が信用を寄せあうまでは価値を持たない。「富の蓄蔵手段」にもならない。商品の売り手も、商品と引き換えに喜んで中央銀行券を受け取る気にはならない。政府紙幣と大差はない。信用の寄せあいがはじめて中央銀行券に価値を持たせる。強制通用力によってひとまず流通手段にはなっても価値物にはならない、という区別は重要である。価値物になれば、だれもがこれを獲得しようとして経済活動が活発になる。単に強制通用力を持つだけでは経済発展はありえないだろう。国民の活力をいかにして引き出すかという問題である。

国家は、存立が不安定になったり滅びたりすることがしばしばあるが、国民は、たとえ戦乱や大災害で多数の犠牲者を出すことはあっても、国民全員が滅びてしまうことはない。いついかなる時にも、国民が文字どおり主体となって国家の再建に取り組むほかない。あくまでも国民を最終的な拠り所にして考えることが必要である。

これに対して、国民（人間たち）などではなく金《キン》こそが最も確かな最終的拠り所と思われがちであるが、そうではない。**金が最終的な拠り所のように見えるのも、金に寄せあう人間たちの評価の集合があればこそ**であり、物としての金それ自体が単独で特別の存在でありうるわけではない（Ⅱ6⑶の「金志向とは」項、参照）。

国民信用は、国民が事前に協議するなどの意思統一をした上で中央銀行券に信用を寄せあうというのではない。物心がつくようになって以降の国民各人が個別に中央銀行券（というよりも、ここでは「お札」のほうが適切であろう）を信用するだけである。中央銀行券という特定の対象があって、その一点に多数の矢印が集中しているという視覚イメージになる。国民を支え手とする無自覚的な協働が形成されるわけだ。実際問題としてはお札の枚数は膨大な数にのぼるが、何枚あろうと構図は一つである。

国民各人による個別の信用（ミクロ行為）は全体（マクロ集合）としてのみ有意味である（これは、たとえば災害時の物資救援が個別でも有意味なのとは本質的に異なる）。マクロ的には、中央銀行券に対する信用の寄せあい関係が成り立っている。それゆえ信用集合を信用関係の束あるいは小むずかしく信用関係態と言い換えてもよい。

（2）個別と全体との関係

ほんの少し〝哲学的な〟注記を差しはさんでおく。必要なことなので。お札が何の支障もなく円滑に流通している限り、売買当事者たちは、お札そのものが額面どおりの価値を持つことに一点の疑いも抱かない。みんな思い思いに損得観念を抱きながら（得をしよう、損はすまいと心しながら）「合理的」経済行動に精出す。自己利害という個別視点があるのみで、そもそもお札はどのようなメカニズムで通貨として存立しえているのか、といった全体視点はもとよりない。

だが、国民各人がお札の獲得にあくせくし夢中になっているときが、お札にとっては一番幸せなときである。国民はお札の価値を信じ切って身も心もゆだねているのだから。当事者たちの個別的な損得観念に基づく経済行動の集合が、当人たちの知らぬ間にお札の価値を維持存続させるのである。

中央銀行券はどうして価値を持つのかと問う場面では、**全体が個別に先立つ**。全体とは信用集合によって成立する中央銀行券の価値のこと。古来、「個別が先か全体が先か」は一つの哲学的テーマをなしてきた。

お札論でいう「全体」は、最初は「多数の」人々、次には「すべての」人々を意味している。多数の国民の信用の寄せあいがはじめてお札の価値を成り立たせるがゆえに、その上で国民だれもがお札の通用力を信じることも可能になる。多数の国民から全国民へ。ここで「全体が個別に先立つ」と言う時の「全体」は、中央銀行券の支え手が、中央銀行券に価値を持たせるほど「多数」いるという意味で、文字どおりの「全体」である必要はない。事を決する程度に「多数」の承認を得られれば、文字どおりの「全体」は、しぶしぶながらでも後から付いてくる。慧眼の士は、ここにあるのがデモクラシーの原理と似ていることに気づいておられるだろう。

とはいえ、お札の価値が現に成り立っている姿をもっと**微細に（ミクロ的に）見ると、個別が全体に先立つ**。先ほど個別の信用を矢印にたとえた。個別の信用がなければ信用集合も成り立たない。微細に、いわば超低空飛行で見ると、多数の矢印が上方に突き出されているという視覚イメージになる。これらの矢印が寄ってたかってお札の通用力（価値）を支えているのである。つまり、個別なしには全体（信用集合）もない。そして全体（多数者）で支えているお札の通用力（価値）を、すべての個別（国民各自）が信用するのである。

少し込み入った話になってしまったが、簡単にまとめておくと、お札の通用力（価値）が現に成り立っている姿は三つの様相を呈する。**①個別→②全体→③個別**である。

①は超低空飛行で見た姿。国民各人がお札の通用力（価値）を支えあう面である。②は高い上空から全体を見た姿。すでにお札の通用力（価値）は成り立っている。③は再び超低空飛行で見た姿。国民各人がお札の通用力（価値）を信用しつつ享受する面である。さらにいえば、③の個別が改めて①の個別の役割を、つまりは②でいう全体の支え手役を果たすことになる。個々人は全体（多数者ないし全国民）の構成者としての役割を果たすこともあれば単なる個別の役割を果たすこともある。**お札論は、「個別か全体か」という単純な二項対立図式には収まらない。**

国民は、個別の面だけを見ればちっぽけな存在ということになるし、全体の面だけを見れば偉大な存在ということになる。文学者や哲学者は「人間」についてあれこれと描写したり論じたりしてきたが、個別の視点に終始している限り「近代の人間観」の限界をまぬかれない。「人間」や「個人」や「自分」の視点だけでなく「人間たち」や「諸個人」や「自分たち」の視点をもあわせ持つなら、ちっぽけさと偉大さとをあわせ持つのが人間の実像であるという帰結がおのずから導かれる。

（3）お札の定着過程——二つのケース

個別とか全体とかの抽象語を振り回すよりも、中央銀行券の定着過程をざっと見ておいたほうが話は早いかもしれない。たとえば以下のようになる。二つのケースに分けて考えることができる。

第一のケース。植民地支配などの隷属状態を脱して民族の自立と国家の独立を勝ち取ったような時は、全国民を挙げて国家の存立を支えてゆこうという熱気に満ちているから、新たに発行された中央銀行券も国民各人から熱狂的な信用を得られ、全体としても熱狂的な国民信用が形成される。当面、強制通用力は不要であり、出番はない。

ここでは、中央銀行券に寄せられる個別の信用が全体として中央銀行券の通用力（価値）を成り立たせるありさまを、国民各人は「おれたち・わたしたちがやっているんだ」と肌身で実感することができる。国民は自分たちの果たしている大きな役割を（「知らぬ間に」事が運ばれるのではなく）知っている。一定の共同目的も意思統一もある自覚的な協働が行なわれているわけだ。全国民的規模の大事業でありながら自覚的な協働が成り立っている稀有な例である。「連帯」という最高級の言葉は、このような場面でこそ用いるべきだ。なぜなら、隷属状態を脱する戦いの過程ですでに血を流す連帯が行なわれていて、新たな中央銀行券を成立させる事業は、その延長上にある鎮魂の戦いでもあるからだ。

が、熱気は冷めやすい。やがては共同目的も意思統一もない無自覚的な協働に変質してゆく。これはしかし、中央銀行券がまさに通貨として根づき定着してゆくプロセスにほかならないからノー・プロブレム。むしろ望ましいことである。

第二のケース。これは先述した。第一のケースを際立たせるために、手短に再論しておく。敗戦後の混乱からようやく立ち直ろうとしている、旧来の社会体制が崩壊してまだ混乱状態にある、というような時は、新発行された中央銀行券がすぐさま全国民の信用を獲得するのは難しい。従来の兌換銀行券に代えて不換銀行券が発行され始めた当初においても同様であっただろう。当然、強制通用力が前面に押し出されざるをえない。

とはいえ国民が、当初は半信半疑、他に代替手段もないためやむをえずという消極的な理由からであれ、中央銀行券を使用し続けるなかで、通貨としての実績が積み増されてゆく。中央銀行券を通貨として用いることが社会的（世間一般の）慣習となるほどまでに国民の信用度も高まってくる。「慣習」は重い言葉で、日常生活に定着すること、あるいは日常性の獲得である。国民の信用の高まりと入れ替わりに国家権力による強制通用力は弱まり、また弱めても支障をきたさなくなる。以後、中央銀行券は、使用当事者たちの信用集合を支えにして、あたかも天体の運動のごとく流通軌道に乗る。

Ⅱ　労働から協働へ

1　労働価値論から協働価値論へ

以上、お札の価値の内実は共同目的も意思統一もない無自覚的な協働としての国民信用であることを見てきた。次には、お札の交換相手である商品について協働論の観点から見る段である。

（1）商品価値は刻々と変わりうる

商品価値の大きさは、10枚切りの食パン1斤（600グラム）が246円という具合に、買い手が支払うマネー額に等しい。マネー額は時と所によってまちまちであろう。そのつどのマネー額が商品価値の大きさを表わしている。

完全競争のもとでは一定時点における同一財の市場価格は一つしかない、とする「一物一価の法則」。これなどは机上の空論の最たるものである。第一、「完全競争」なるものが無内容なコトバでしかない。具体的にイメージすることができるだろうか。「法則」とはおこがましい。この手のものを持ち出す**数理的仮定法**（数理的処理を可能にするために経済の現実からかけ離れた単純な仮定を立てるやり方）は経済学的思考に多大な害悪を及ぼしてきた。空理空論を〝理論〟と偽って、現実の経済を直視することを妨げてきたからだ。

さて、夕刻になるとデパ地下などでは、弁当をはじめいろいろな食品類が値下げされることがある。値下げしなくてもそのままの値段で売れるのなら値下げする必要はない。しかし経験則に基づいて、傷みやすい食品は値下げするのだろう。「値下げ」は不正確な言い方で、もし30％引きとか半値とかの改訂価格で売れれば、その時点ではその値段がその商品の適正（「本当の」）価値である。それまでの値段は、現時点では、商品が売れない以上は不適正である。商品に含まれている労働量は先刻も今も変わりはないが、商品価値はその時どきのこまごました諸事情に応じて絶えず変動する。

これを価値変動ではなく単なる価格変動にすぎない、と強弁するのは無意味である。価格（マネー額）とは区別される価値とはいったい何ですか、という話（価値実体論）に逆戻りするだけだ。「価格」という語も実は曖昧で、マネー額のことであるのは確かだが、単なる値札（売り手の希望価格）を指す場合と実際に売れた時のマネー額を指す場合とがある。両者は一致することもあれば一致しないこともある。

労働量が一定不変なら「本当の」価値も一定不変だと信じている人は、商売に向いていない。弁当売りも無理だろうから、自称「研究者」として駄弁を弄しているのが似合いだ。「本当の」価値にこだわって「値下げ」をしなければ売れ残って食品を腐らせるだけ。労働が無駄骨と化したのでは、信念にも反するのではないか。

(2) 作り手本位の発想からの脱却

商品には労働が投入されているがゆえに価値を持つとする考え方は、すでに述べたように、基本的には品不足時代の産物である。商品として作った生産物は売れるとひとまず想定しうる生産力の低位発展段階では、商品は労働が投入されているがゆえに価値を持つ、という考え方の誤りに気づかれにくかった。せっかく投入した労働が徒労に終わることはほとんどなかったからである。徒労の回避は、売れないようなものを作る余裕はなかったことのほかに、市場規模が小さくて全体が見渡し可能であれば生産者は生産力をほぼ確実に事前調整することができたことにもよる。

商品は労働が投入されているがゆえに価値を持つ、とする作り手(メーカー)本位の発想は古い時代に特有のものというわけではない。「品不足時代」とはいつ頃のことか。当然、生産力発展段階は国・地域によって異なる。また、いったん高い段階に達しても、手痛い敗戦などによって一時的に低位発展段階と変わらぬ状態に落ち込むこともある。二度にわたって世界戦争が起きた20世紀前半に限っても、国土が戦場と化して爆撃・空襲にさらされた国々はその種の落ち込みを経験している(むしろ、アメリカのような無傷の国は例外である)。

わが国の場合、1950年代後半に中内㓛が大規模小売店ダイエーの前身となる「主婦の店」を設立した頃は、メーカー↓卸↓小売り↓消費者（川上から川下へ）というメーカーの専制支配が一般的だった。中内は、大規模小売店に消費者の声を結集してこの流れを逆転させようとした。ダイエーの値引き路線に反発した松下電器産業（現パナソニック）が出荷を拒否するというドタバタもあった。松下幸之助を筆頭に、メーカー側は「生産物は作った時点で一定の価値を持っている」と信じていたわけだ。マルクスらと同じである。だから「値引き」などもってのほかだった。これに対して中内は、「消費者本位」の考え方で対抗しようとした。「流通革命」という言葉は林周二の『流通革命』（中公新書、1962年）がはやらせたものだが、中内はまさに「革命」児だった。

このあたり、商品価値論としては小売業者側にも混乱した部分があったようだ。「消費者本位」の考え方にしても、あるいはもっと前からいわれてきた「薄利多売」にしても、当人たちは「値引き」と考えていたのかもしれないが、正しい商品価値論の観点からは「値引き」などではない。前項でも述べたように、**商品のその時どきの売れ値が適正な、正真正銘の商品価値**なのである。

生産物は作った時点で価値を持つという信念は、せっかく作った物も売れない、あるいは売れないことを見越して事前に生産調整などを行なわざるをえない事態に直面すると、グラッと揺らぐ。生産力が発展して品不足ではなく品余りが常態化すると、信念の揺らぎも常態化する。そして考え方も変わらざるをえない。これに伴って生産サイドと小売りサイドとの力関係も大きく変わる。中内が志した「川下から川上へ」という逆流が実現される。家電量販店なども含めて大規模小売店の時代が、端的には安売り合戦の時代が到来する。

むろん、この「安売り」価格も「ディスカウント」も、商品が売れる限りは適正な、正真正銘の商品価値なのである。相似たディスカウント店が隣同士に並んでいて、わずかな価格差しかない場合でも、売れたほうが適正価値である。両店とも売れれば両方とも適正価値である。商品価値は諸事情によって決まってくる。価値形成要因は多様である。「一物一価」論など、現実離れした空想にすぎない。

売れ値は、売り手サイドと買い手サイドのこまごました諸事情（売り手としては、店じまいをするので在庫を処分する、親族の葬式に出席するため小金が必要になった、などなど。買い手としては、店舗まで出かける手間・交通費なども考慮する、気晴らしに街で買い物でもするか、雨が降ってきたから少々高いが近場で済ませよう、などなど）も全部含めて集約した表現にほかならない。商品価値は、生産現場の営みだけでどうこう語れるものではない。それは怠惰な考え方である。買い手サイドは、単純な金銭計算以外のいろんなことも考えたり思ったりしているわけだから、メーカーに限らず売り手サイドとしても、買い手の目線であらゆる点に配慮しなければならない。お気づきのように、**商品価値論は人間論としての側面も有する**のである。

（3）労働論の転換

労働の成果が不換中央銀行券で評価される以上、もはや労働価値論の出る幕ではない。「本当の」価値の源泉を労働に求めようとする議論は、不換中央銀行券が名実ともにマネーの座に就いた管理通貨制のもとでは、実質上はもとより見かけ上の妥当性も失った。生産物を作るのに労働が必要不可欠であることは今日においても真実であるが、しかし労働は商品価値の有無に関する決定権を持つものではないのである。

道徳規律ないし倫理観の面では、「真面目に勤労に励んでいれば必ず報われる」という説教も通用しなくなった。報われないケースが身の周りにもごろごろころがっている。新規学卒者が就活であくせくしなければならないのは、単に有効求人倍率がどうのこうのという数字のせいばかりではないだろう。「働くことの意味」が自分たちの教わってきたものとは違っているようだと——アルバイトやインターンシップの経験などを通じて——うすうす感じていて、どう対処してよいのか戸惑っている部分もあるのではないか。しかしどこかに就職しなければならない。そして3年も経たないうちに3割が離職——。他のあれこれのことと同様、若者たちのことを正確に理解するためにも大局的な観点が必要なようだ。

勤労と節倹の大切さを説いた**マックス・ウェーバー**の「プロテスタンティズムの倫理」論も説得

力を失った。**真面目な勤労が必ずしも報われない**、しかも節倹に励んで預貯金をしてもゼロ金利では利殖にはならない。となれば、リターンが得られる確率は低くても一発勝負に賭けたほうが話は早い。経済紙も「貯蓄から投資へ」と煽り立てるし、個人投資家向けの金融商品も次から次へと新開発されている。政府も個人投資家を対象にしたＮＩＳＡ（ニーサ）と称する優遇税制を導入（２０１４年1月）したりしている。ウェーバーは勤労をベルーフ（der Beruf、天職）と呼んだが、そして日本の勤労者たちも別にプロテスタントでなくてもそのような倫理観を共有していたであろうが、当節、天職と思っている人は果たしてどれくらいいるだろうか（ウェーバーについては『プロテスタンティズムの倫理と資本主義の《精神》』大塚久雄訳、岩波文庫、参照）。

勤労や節倹への信頼が揺らぐにつれて、人は「知らぬ間に」ギャンブル人間と化してゆく。日本にもカジノを設立しようという動きも、その流れに棹差している。つまり、根は深い。

労働価値論に取って代わる**現実的に有効な価値論を再構築するためには、協働視点を導入し労働を協働の一形態として捉え直す**ことが是非とも必要である。**力合わせの視座転換を図る**ことが求められている。**労働から協働へ。労働も協働の一形態である**とは、どのようなことか。

同一の作業現場における協業は御輿かつぎなどと並んで最も見やすい協働の形である。力合わせが行なわれていることは、小学生にでもわかる。かつては「ヨイトマケ」の土木作業は日常的にもそこいらで見られた。今は機械化が進んだが。分業も、空間的に離れた場所で行なわれる場合は小学生にはわかりにくいかもしれないが、力合わせの一形態であることは大人にはわかる。どこかの作業工程が一カ所でもストップすると他の作業工程にも支障をきたす。大規模には、東日本大震災の時もそうだった。ここで言おうとするのは、このような協業や分業のことではない。**労働がすべて協働である**ということだ。

生産活動は、労働手段（機械・装置などの設備、道具類）を用いた労働対象物（原材料）への働きかけとして行なわれる。労働手段と労働対象物、両者合わせて生産手段は、すでに行なわれた労働の生産物である。生産物は、商品価値の大きさのことはひとまず括弧に入れておくと、原材料を変形加工した労働生産物である。それゆえ労働生産物を新たに変形加工する営みは、過去の労働と現在の労働との滑らかな関係づけ（融合一体化）として行なわれる。諸労働の融合一体化。これが幹線をなすが、手順を踏んだ説明が必要であろう。

（4）だれが労働量に関心を抱くのか

アダム・スミスは主著『諸国民の富』において、生産物が市場でマネーと交換される「進歩した社会状態」との対比で、「初期未開の社会状態」におけるビーバーとシカとの物物交換をモデルとして設定し、交換は等しい労働量を基準にして行なわれると論じた。ビーバー1頭を捕獲するのに必要な労働量がシカ1頭を捕獲するのに必要な労働量の2倍なら、ビーバー1頭とシカ2頭が交換されるという。この場合、シカの捕獲者もビーバーの捕獲者も相手の労働量を互いに知っているのは「自然な」こととされる（『諸国民の富』大内兵衛・松川七郎訳、第一編第六章、岩波文庫（一）、185ページ）。

投入労働量の相互可知（互いに知りえていること）は、スミスの設例のように、交換当事者たちが互いに同種の生産者で、かつ生産者同士が直接に生産物を交換しあうと想定した場合にのみ、ひとまず成り立つことであろう。当然、当事者たちは向こうとこちらの投入労働（骨折り・労苦、toils and troubles）の量比較に多大な関心を抱く。

ただしかし、「等しい労働量」といっても計測は困難である。労働内容は似ているように見えても、ビーバーとシカの生息場所は水辺と陸地で異なるうえ、おそらく捕獲可能な頭数も異なるだろうから、労働量を同一の尺度、たとえば捕獲に要する時間で計測することはできない。ビーバー捕獲とシカ捕獲の両方を経験した人だけが、まさに経験的に（物理的にではなく）「等しい労働量」かどうかを判定しうるにすぎない。むしろ、かかった手間ひまはおおむね等しいだろうと見なしてギブ・アンド・テイクを行なうのが、昔からの世間一般でのやり方であろう。そのようにして世の中は回ってきた。

▼「等価」と判断するのはだれか

その点、**経済学が「等価交換」なるものを想定するのがむしろ現実離れしたこと**なのである。「等価」とはいったいどのようなことなのか。自動車1台が100万円で、あるいはコメ10kgが

5000円で売買される時、何と何が等しいのかと問い詰められると答えに窮する。同種のもの同士の交換、たとえば一万円札1枚と千円札10枚を交換する場合は単純明快だが、異種のものの交換には明確な交換基準がない。等価交換といっても、「おおむね、大体のところは等しい」もの同士の交換というアバウト性（厳密な等価からは多かれ少なかれズレること）をおびているのが実態であろう。見なし等価の域を出ない。交換当事者の双方が「等価」だと納得すれば、それでよいのである。どこかに神様がいて「それは不等価だ」などと口出しをするのは余計なことである。

もっとも、経済学者の中には、**数理的方法を用いれば厳密な処理ができるという幻想**を抱いている人も少なくないが、現実離れしていることは確かである。「神の代理人」のつもりなのかもしれない。

文系学問が対象とする人間がらみの（好みや満足感や期待や倫理観などのファクターが入ってくる）活動分野に、物中心の数理系学問のような厳密さを求めるのがそもそも無理なのである。本書でも「等価交換」という語句は用いているが、人間社会の実態に即して**「おおむね、大体のところは等しい交換」という意味**で用いている。

物物交換とは違ってマネーが一切の交換を取り仕切る商品経済においては、むろん事情はスミスの設例とは大いに違っている。製造業者（たとえば自動車メーカー）が他の製造業者（たとえば鉄鋼メーカー）の生産物を入手する時、入手者は商品の買い手すなわちマネー所有者として登場する。マネーと引き換えに生産物を商品として入手するのであって、自分たちの労働生産物（自動車）を相手に引き渡すわけではない。それゆえ、相手方の商品にどれだけの量の労働が含まれているか、というたぐいのことは買い手の念頭にすらのぼらない。

しかも売り手（鉄鋼メーカー）は他業種のメーカーだから買い手（自動車メーカー）の競争相手ではない。単なる取引相手の労働関連のこと、製品1単位当たりの投入労働量や労働生産性などには何の関心もない。買った商品の品質や性能が格別に良くて感嘆する、極端に悪くて腹を立てるという場合は、作り手の労働のこと（仕事ぶり）を思い浮かべるかもしれない。あるいは部品や素材を新規の取引先から購入する場合は、素材評価試験をしたりする。しかしそれらの場合でも、労働量のことにまでは関心は及ばない。

ところが、買い手（自動車メーカー）が買った商品を生産手段にして生産活動を行なう際には態度が一変する。より少ない労働量で生産しようとする。労働生産性の向上を図る。今度は売り手に回るわけだから、労働効率には大きな関心を抱く。労働効率の向上は、競争に打ち勝ち利益を確保するために是非とも必要なことである。

売り手も買い手も、互いに相手の労働効率など労働関連のことには無関心だが、自分のことになると、売り手の立場に回る限りで多大な関心を抱く。そしてもちろん、競争相手である同業者の生産方法（たとえば「かんばん方式」）を絶えず注視する。生産方法次第で労働効率が違ってくるからだ。

これに対して、売り手に回ることはない単なる消費者は、商品生産をめぐる労働関連のことには終始無関心である。家庭で夫が労働関連の苦労話をしたとしても、専業主婦の奥さんには馬耳東風であろう。「アラ、そう。たいへんね」と気のない相づちを打つくらいのもの。もっぱら給与に関心がある。その奥さんも、自分が日々追われている家事労働のたいへんさは身にしみて知っている。ところが、給与生活者の労働と専業主婦の労働が接点を持つことはない。マネーとの交換が行なわれるか否かという決定的な違いがあるからだ。

ともあれ、経済当事者たちはどのような立場に身を置くかによって労働への関心もまちまちなのである。生産領域における労働量への関心度という点では、さしあたりビーバーやシカの捕獲者と専業主婦とが両端をなすと言えよう。

(5) マネー額は労働量に比例するか――「匠の技」の実力

売り手が労働に関心を抱く場合でも、最終的な関心事はもちろん労働量ではなく、労働を投入した成果として得られるマネーの額である。商品経済の発達に伴って、関心の重点はいやおうなく労働量からマネー額に移る。商品経済においては、したがってその発展形態である市場経済においても資本制的な市場経済においても、名称はさまざまであるが商品経済をベースにしているところではどこでも、マネーこそが万能であるからだ。

もちろん、労働量に、手間ひまをかけることにこだわる職人流の行き方もある。マネー所有者に

「匠の技」などと持ち上げられて商売として成り立つのなら、時代遅れの手間ひま路線も一つのポリシーではある。「時代遅れ」である理由は二点。一つは、生産効率が良くないため次第に駆逐される運命にあること。もう一つは、マネジメントに疎いのが職人の本道だと勘違いしていること。

後者はここでのテーマから外れるので前者についてのみ見ておくと、技にこだわる場合でもむろんマネー額に無関心ではなかろうが、概してマネー額は労働量に比例しない。生産効率が低い分、労働量に比例しては生産数量が増大しないからだ。生産数量が少ない分、製品価格を高めに設定せざるをえない。すると売れ行きに影響する。「手作り」や「自家製」のものが良いものとは限らず、また少々高めでも消費者に受け入れられるものとなるともっと少ない。そのことは機械制大工業による生産物が品質面でも向上してきたことと関係がある。こうして独立自営職人はどんどん没落してゆく。

概して独立自営職人が「労多くして功少なし」であるのに対し、それとは反対のケースもある。たとえば絵画が「名画」の評価を得た場合は逆の意味でマネー額は労働量に比例しない。破格の高値が付いたとすると、作者が作画にかけた労働コストなど物の数ではなかろう。もっとも、作者当人が高値の恩恵に浴するケースは少ない。「名画」の場合、高値の源泉は「評価の積み重ね」にあるため年数がかかるからだ（この**「評価の積み重ね」も、幾世代にもわたる大勢の人々の協働の所産**である）。これに対して、文芸作品などの著作物がベストセラーになったような場合は、大概、作者当人に恩恵をもたらす（**ベストセラーになるのは、同時代の大勢の人々の協働の所産**である）。

絵画制作も著作も広義の職人技である。

時代がくだるにつれて、報酬が労働量には比例しない浮き沈みの激しい職種が増えてきた。芸能タレント、プロ・スポーツ選手などもしかり。現代人は、とうてい従来の労働論では割り切れない社会に、まさにその社会の支え手として生きている。報酬が労働に比例しない社会を、労働する者たち自身が無自覚のうちに協働してつくりだしてきた。

2　協働価値論の展開

(1) 異種労働の融合一体化

買い手が売り手サイドにおける労働関連のこと(労働量、労働生産性など)には何の関心も抱かず、何も意識しなくても商品売買は円滑に営まれ、何の支障もきたさない。だが、商品を生産手段として買う場合には、労働関連のことが中心的な関心事になる。買い手は自分の生産過程では、生産目的に適合する、新たに投入すべき労働に適合する生産手段を購入しなければならない。生産手段に含まれている労働とこれに新たに付加される労働とは、種類を異にしながらも滑らかな連続性を保っていなければならない。

たとえば鋼塊を圧延して扁平形のスラブにし、これをさらに薄鋼板に変形加工するに至るまでの諸労働と、薄鋼板を自動車のボディに変形加工する労働とは、相互に異種の労働だが、前者から後者へとバトンタッチされつつ融合一体化する。だからこそ一連の生産過程はスムーズに進行する。

同じ鋼塊でも、これを管や棒鋼・形鋼に変形加工したのでは自動車のボディとしては役立たない。素材は同じでも、変形加工の仕方つまりは労働の種類が当該の生産目的に適合していなければ、異種労働の融合一体化は叶《かな》わぬのであり、一連の生産過程はそこで途絶えてしまう。一口に自動車用鋼板といっても、厚さや強度、表面処理の仕方などの違いに応じて何百種類もあるとのこと。それぞれごとに、投入労働の種類も少しずつ違っているわけだ。

一連の生産過程が途絶えぬようにするためには、生産物の需要に見合うよう供給する必要がある。生産物の需給バランスあるいはサプライ・チェーンの確保は、労働次元では諸労働のスムーズな融合一体性の確保として捉えることができる。

諸労働の滑らかな融合一体化は、生産当事者たちの営みを分析した場合の話である。一方の当事者である商品の買い手は、買った商品を生産目的に合わせて生産手段として使用する。つまり適切な労働を投入する。そのための適切な人材確保・配置をするが、当の生産手段にどのような種類の労働が含まれているかには無関心で、ただ物的素材としての物理的・化学的その他の役立ちしか見ない。それで十分なのである。

しかし個々の当事者の立場から少し距離を置いて、いわば上空の鳥の目で一連の生産過程を通して見るときには、労働の成果に新たな労働が加えられ、その成果に新たな労働が加えられ……という具合に、諸労働は連続性を保っているものとして把握することができる。さらにグローバル経済全体を視野に入れる時には、もっと上空から、いわば**人工衛星の目で諸労働の連関を見る必要**がある。

(2) 生産における二種類の協働

生産過程を過去の労働と現在の労働との融合一体化として把握すると、過去の労働の担い手と現在の労働の担い手との間では、労働の種類は異なっているにもかかわらず**通時的(異時点間の)協働が行なわれている**ことになる。この場合は直近の過去のことだけでなく、時には(在庫期間の長さによっては)隔たった過去のことも視野に入れなければならない。それゆえ、空間的な隔たりを見ることのできる鳥の目や人工衛星の目とはまた別の、時間的な隔たりを見ることのできる分析者の目にも頼る必要がある。

協働概念など持ち出さなくても、具体性をはぎ取った「抽象的人間労働」概念、ないしは、どの具体的労働にも共通する「人間労働力の支出」概念で間に合うように思われるかもしれない。だがこれだと、この生産目的のためにはこの生産手段でなければならず、そして新たにこの労働を加えなければならない、という特定性が一切抜け落ちてしまい、よそよそしい第三者による労働量の足し算の問題になってしまう。あの具体的労働からこの具体的労働へという連続性が保たれていることは、当事者間で(当事者自身は意識していなくても)相互依存関係が成り立っていることでもある。「抽象的人間労働」や「人間労働力の支出」に還元すると、この大事な点も抜け落ちてしまう。

協働はここでは、生産時点および生産場所に隔たりがあることからも明らかなように、生産手段として使用される生産物を生産した者と、これを用いて新たな生産活動を行なう者とが一定の共同目的のために意思統一して自覚的に行なう協働ではない。それでも協働が行なわれているものとして捉えることが大切である。マネーの通用力をはじめ、人間社会にはその種の無自覚的な協働が行なわれている例は無数にある。その点については後述する機会があるはずである。

他面、工場などの作業現場において従業員たちが同一時点で行なう生産活動は、**一定の共同目的のために意思統一して自覚的に行なう共時的協働**である。もとより、同一の企業内においても部署は種々異なるから、全部署の足並みが個々の作業現場における協業ほどにそろうわけではない。けれども、企業組織としての目的はそのつど一つ（黒字転換、企業としての生き残り、経営破綻からの再生、その他もろもろ）である。

これら両面を合わせて、生産活動は諸個人の通時的かつ共時的協働として行なわれる。すなわち、通時的協働は、A、B、C……企業の従業員たちが時間と空間を隔てて相互の連絡関係なしに力を合わせる協働であり、共時的協働は各企業に視野を限定したときに成り立つ協働である。その意味では、通時的協働を**企業間協働**、共時的協働を**企業内協働**と言ってもよい。特定のもの、たとえば薄鋼板を仲立ちにして、鉄鋼メーカーと自動車メーカーや家電メーカーとの間では無自覚的な（目に見えない）協働が行なわれると同時に、薄鋼板に対しては、鉄鋼メーカーにおいても自動車メーカーや家電メーカーにおいても、それぞれの組織内部において自覚的な、目に見える協働が行なわれるわけだ。

企業間の無自覚的な協働（諸労働の滑らかな融合一体化）にも目を向けないと、およそ産業のマクロ的な有機的編制を把握することはできない。とりわけ、個別企業の利害得失にとらわれずに全体を見渡すべき政策的立場に立つ時には、目に見えない網の目状の相互依存連関を見る視点が是非とも必要である。その連関は、「諸労働の滑らかな融合一体化」のように、数値で表わすことができないものも含んでいる。その分、見えにくいだろうが、それでも政策当局者は努めて見るようにし、どの産業分野において諸労働の滑らかな融合一体化を推進・確保する必要があるかという観点から重点的に政策を立案すべきであろう。

特定の産業分野、たとえば造船業なり石油精製業なりに力を入れる場合でも、その産業分野に関連する前後左右の諸分野をも視野に入れる必要があるわけだ。労働力移動の面ではもとより、物の流れの面でも相互に影響を及ぼしあう関係にあるからだ。

以上のような理由と意味において、労働を協働の一形態として捉え直すことができる。このような捉え直しをすることで、新たに協働の地平に立って、さまざまな問題を組み立て直す可能性が開けてくるけれども、うんと限定すれば、とりあえずは商品とお札との等価交換を説明するための基礎作業をなす。

3　等しい協働量の交換

(1) 労働量から協働量へ

生産過程における過去の労働と現在の労働との融合一体化とは、すでに概観したように、労働対象物(原材料)Aが生産物Bを作るために役立てられ、今度は生産物Bが別の生産物Cを作るための労働対象物として役立てられる……こと。鉄鉱石→鋼塊→薄鋼板→自動車のボディはその一例。原油→ナフサ→エチレン→塩化ビニル→水道管なども見やすい例であろう。もちろん、矢印は単方向ではなく使用目的の数だけ多方向に枝分かれする。このような矢印関係は、労働対象物におけるほどストレートにではなく大枠としてではあるが、労働手段(機械類や道具類)にも当てはまる。

今では**労働量を協働量と言い換える**ことができる。ただし、協働量の計測の話は少し後になる(⑶「協働量をいかにして計測するか」)。労働量から協働量への転換を図ることによってようやく、**商品と中央銀行券との等価交換**について、さらには**労働＝信用**についても**明快に説明しうる地点**に達した。

労働量はもはや限られた範囲内でしか、生産者同士のひそかな競争関係の内部でしか意味を持たない。なぜなら、生産過程は基本的に人が物をどう処理かの世界であり、その内部で労働の種類や量、労働効率など労働関連のことに没頭していれば済むが、いったん生産過程を終えて外に出ると、ここから先は別の世界だからである。そこは営業部の担当で、相手は物ではなく人（買い手）になる。売ること、すなわちマネーとの交換となると、労働関連のことどもが出る幕ではない。営業担当者もそんなことは知らなくてよい。当の生産物が商品としてマネー所有者に受け入れられるかどうか、いくらで売れるかが関心事になる。

国民信用に関する、そして労働は協働であることに関する長い説明を経て、出発点、すなわち商品とマネーとの交換場面に戻ってきた。協働という共通のベースは築かれた。ただし、商品サイドの協働はまだ私的な協働にすぎず、商品がマネーに買われることによってマネー・サイドの協働と同じ次元にまで高まる必要がある。

(2) 労働の意味と無意味

売り手に回る時の生産者が、通時的な協働を踏まえて新たに共時的な協働を行なう際に、いかなる努力を払い人知れぬ苦労をしようと、結局はマネー所有者である買い手が生産者の命運を左右する。生産物が商品として売れた時に限って、投入された労働は、物的素材ともども、売れ値相当の価値の一形成要因となる。

生産物が商品として売れなかった時には、投入された労働も無意味だったことになる。この場合も、諸労働は滑らかに融合一体化して通時的協働も共時的協働も行なわれているだろうが、そのことと、この協働がマネーの協働価値にマッチするかどうかは別問題である。諸労働が滑らかに融合一体化して、生産サイドとしてなしうる精いっぱいの協働を行なったとしても、私的協働にすぎないから、まだクリアしなければならない関門が残っているわけだ。

労働から協働へ。人々の働きに関するこのような視座転換は、認識次元の高まりを示すものではあるが、商品という立場に置かれている財やサービスにとっては、もう一段、協働価値への存在次元の高まりを要する。そして商品はマネーに買われることによって、当初の説明課題であった**労働=信用という等値の根拠**を、**「協働としての労働=協働価値としての国民信用」という新たな等値に見出す**ことができるのである。

▼労働の意味と無意味を区別するのは自分たち自身

ともあれ、労働が個人ではなく諸個人によって行なわれる以上、れっきとした力合わせでありながら、有意味な場合と無意味な場合とがあるわけだ。無意味な力合わせ⁉ 形容矛盾のようだが、そうではない。「助け合い」としての力合わせは有意味であるのが普通だが、経済の場面における力合わせは無意味なことも少なくない。その傾向がグローバルな規模での生産力発展とともに強まっている。力合わせのさまざまな形を区分しなければならない。ただし、「力合わせ」というプラス・イメージの日常語に「無意味な力合わせ」というケースも含ませるのは少々無理で、違和感もあるだろうから、本書では協働という包括的な語をきちんと概念規定しつつ類型区分するわけである。

労働の意味と無意味を区別するのは買い手のマネーであり、国民信用に支えられた中央銀行券である。国民が事実上、つまり**無自覚的にであっても、自分たち自身の労働の意味と無意味の区別をしている**。失業率、有効求人倍率、非正規労働者、最低賃金などなど労働関連の経済用語はたくさんあるが、大概は「需要と供給の関係」という単純な理屈で説明され処理される。まるで需給関係をつかさどる神様がどこかに存在しているかのように。しかしもちろん神様などいない。**存在しているのは経済当事者たち、つまりは国民たちだけ**である。

▼今日的な私益の追求と公益の増進

経済当事者たちがみんな思い思いに私益を追求することが結局は公益の増進に結びつく、というメカニズムをアダム・スミス（1723―90）は「神の見えざる手」という言葉で表現した。みんなが利己心を存分に発揮することが回り回って他人たちのためにもなる、という理屈は当時としては一つの新鮮な発見ではあった。しかし「見えない（invisible）」のは見るための分析装置が不足していただけのこと、つまり認識する側の問題にすぎない。

スミス以後二百数十年も経って（主著『諸国民の富』の初版は1776年）、経済がいちじるしく発展したことに伴い「利己心」の役割は大きく変質した。私益の追求や利己心の発揮がみんなのためになる、とは言えなくなった。CSR（企業の社会的責任）やPL（製造物責任）なども厳しく問われるご時世である。スミスの言葉をいつまでも後生大事に繰り返しているのは認識不足であり、怠慢でもある。神の手にゆだねられていたことを人間の手に取り戻す必要がある。*

*その点、哲学方面では、スミスが没して半世紀後のことだが、世代的にはヘーゲル（1770年生まれ）とマルクス（1818年生まれ）の間に位置したルートヴィヒ・フォイエルバハ（1804―72）が『キリスト教の本質（*Das Wesen des Christentums*,1841）』（船山信一訳、上・下、岩波文庫）において「神とは人間のことであり、人間が神なのだ」と宣言して、神の行ないを人間の手に奪取する作業を大きく前進させた。もっとも、これは文字どおりの神、信仰対象としての神であるが、スミスの言う「神」は、人知を超えたあるもの（メカニズムないし因果法則）の比喩的表現というニュアンスがつよい。

商品経済における**私益追求はギブ・アンド・テイク（相互依存関係）としてのみ可能**だから、つねに相手（端的には買い手）のためにもなるのでなければならない。競争が激化するほど、買い手市場が基調をなす傾向が強まる。それゆえ、買い手にアピールする特色を出すためのあらゆる創意工夫に注力することが大切になってくる。それが公益増進にもつながる。――というような理屈で

全部「見える（visible）」のである。この文脈で一番のキー語句は「ギブ・アンド・テイク」である。

経済の場面では、「真っ当な努力」という言葉も今やほとんど死語と化している。物づくりにだけでなく、逆の意味で金融ビジネスにも当てはまらない。労多くして報われることが少ないのなら、労少なくしてリターンの多いものを求めるのは自然の成り行きであろう。どちらにしても、努力と成果とは比例関係にはない。そのようないびつな状況がどんどん進行している。

根底には、そのつどの**生産力がそのつどの市場規模に比して過剰になりがちであるという構造問題**がある。生産は人（作り手）が物を相手にして行なう営みだから、生産力は基本的には人の一存で自在に発展させることが可能だが、市場では人（買い手）が相手だから、市場規模は人（売り手）の一存で自在に拡大することはできない。このような事情が生産力過剰をもたらす。人間生活の存在基盤をなす労働と努力。それらが色あせたところに現代社会の大きな問題点がある。

（3）協働量をいかにして計測するか

当面の問題は国民信用という名の協働量を計測することであるが、しかし協働量としてはほかにもいろいろな種類のものがある。協働が行なわれているところでは、必ず何らかの協働量がありうる。それを計測することにどれほどの意義があるのかはケース・バイ・ケースであるが。

たとえば作業現場での協業や祭りの御輿かつぎのようなものであれば、協働がメンバーたちによって自覚的に、目に見える形で行なわれるだけでなく、どのような成果があったのかも目に見える。協業による作業効率や、御輿を見るために集まった見物人の数、興奮度、あるいはマスメディアへのアピール度などは、たとえ目分量であっても計測することができる。反原発集会も、一定の共同目的のために意思統一して自覚的に行なわれる協働だが、この種の集会では参加者数が主催者発表と警察発表とではいつも食い違っている。しかし計測単位はどちらのサイドから見ても人数という平凡なものだ。

企業でも学校でも、「目標達成度」などの言葉を用いて協働量を測る工夫はいろいろと行なわれているにちがいない（むろん「協働量」という言葉は用いていないだろうが）。事は終始、目に見える形で運ばれる。

これに対して国民信用という名の協働量については、どうであろうか。国民信用の場合は、その種の計測尺度や計測単位はない。「形もなく目にも見えないもの」について、少し掘り下げた考察が必要になってくるであろう。

国民信用はイデアールな存在性格を持つ。仙人が食っているとされる霞《かすみ》のように、姿や形は目に見えない。在るとか無いとかに関わる性格だから存在性格という言い方になる。込み入った存在論的議論はその筋の哲学者に任せて単純に、レアールな（real）ものという言葉で「姿や形が目に見えるもの」を表わし、イデアールな（ideal）ものという言葉で「**姿や形が目に見えないもの**」

を表わすことにする。

祭りの人出は存在しかつ目に見えるが、国民信用は存在するが目に見えない。この場合の「存在する」とはどのようなことか。レアールな存在とは意味が異なる。国民が信用する（支えあう）ことで中央銀行券は協働価値を持つ（存在する）と考えられるが、価値そのものは直接には目に見えない。しかしこのレアールな紙券を人々が喜んで受け取ったり富として貯め込んだりしている姿は、紙券が価値を体現していることを何よりも雄弁に物語る。

協働量の計測という面からやや詳しく見ておこう。国民信用それ自体の量を計測することはできない。およそ計測尺度や計測単位は、レアールな世界の物事を理解するための言語手段だから、国民信用のようなイデアールなものを計測する尺度や単位が存在しないのはむしろ当然のことだ。それゆえ、目に見えないものを計測するには、目に見える尺度で代用するしかない。中央銀行券は国民信用の目に見える現われ（体現物）だから、中央銀行券の通貨名称である円とかドルとかの金額を、協働としての国民信用の大きさを計測する尺度として代用することができる。代用はやむをえざる便法であるが、しかしそもそも目に見えない商品価値を目に見えるマネー額で表わすことからして根源的な「代用」なのである。

諸通貨は、日本円、アメリカ・ドル、中国人民元というふうに名称は違っていても、同じく国民信用の目に見える現われである。中央銀行券の額面は目に見える値として、一万円札なり百ドル札なりの額面相当の目に見えない協働量を表わしている。券面に印刷された金額は、たとえば新聞・

雑誌や書物などに印刷された金額とは質的に違っており、国民信用を現実に背負っている。その意味では、**お札は物理的な目方は軽くてもズシリと重い。**国民統合の象徴にさえなる。その点では国旗と似ている。もっとも、国旗の場合は「日の丸」に反対する人もいるが、お札に反対する人はいまい。

4　通貨の交換とは

（1）国民信用を共通基盤にして――為替レート

世界各国の中央銀行券を見渡すと、紙質も印刷技術もまちまちで、ままごと遊び同然の粗末なお札もあれば、日本のお札のように芸術品並のものもある。しかし通貨としての価値は、お札としての出来不出来にも投入労働量にも関係なく、それぞれの通貨圏においては額面どおりに通用する。それぞれの国ごとに国民信用の裏付けがあるからだ。目に見えない国民の力で支えあっている。

国民信用としての国民の力は目に見えなくても、国力の源泉をなす国民活力を支えており、両者は相互補完関係にある。国民信用と国民活力は、静と動の違いがあるが、どちらが欠けても互いに十全には成り立たない。まず、国民たちにみなぎっている、何事かをなし遂げようとする強い意欲が国民活力の基本的ファクターをなしている。国民活力は、経済分野に限らずスポーツや芸術、学問、教育、軍事、外交などあらゆる分野に、一般国民が外国人と交わす日常会話にさえ目に見える形で表われる。その時どきの国民活力の強弱や盛衰、要するに「勢い」の程度は、自国民を外国人と比較すれば簡単にわかる。国民活力は国民一人ひとりが発揮する力の全体であるから、まず一人ひとりに表われるのである。

これに対して通貨価値を成り立たせる国民信用は、国民の力ではあるが、諸外国と比較して爆発力やエネルギーの大きさを誇るものではないから、地味で目立たない。しかし国力全般を陰で支えており、これなしには活力システムも円滑には回らない。国民活力が表舞台で目立つ存在だとすれば、国民信用は黒衣《くろこ》のようなものだ。ただし、両方とも同じ国民が演じている。

協働としての国民信用こそが、中央銀行券の額面として何種類かの数字（日銀券であれば一万、五千、千、ほか）で表示される価値の「実体」（最終的な拠り所）をなしている。どの国の（ユーロの場合は加盟諸国の）通貨も理屈は同じである。**目に見えない「価値実体」である国民信用を目に見える形で言い表わしたものが、円とかドルとかユーロとかの通貨名称である。**

諸通貨が交換可能なのはなぜか。**為替レート**と呼ばれているもの、たとえば1ドル＝90円という等式が成り立つのはなぜか。等号の内実は何か。通貨交換の成立根拠について、残念ながらまともな理論的説明に出会ったことはない。まともな不換中央銀行券論がないからだ。が、これまでの立論を踏まえるなら、**等号の内実は国民信用**である。日本円の通用力を成り立たせている国民信用とアメリカ・ドルの通用力を成り立たせている国民信用。国は違っても国民信用としての成り立ちと実質は同じである。その国民信用こそが通貨交換の共通基盤をなしている。

付言するなら、**この共通性は、国と国の対立を克服するためのひとつの拠り所をなす**かもしれない。少なくとも、「みんな人間同士なんだから」といった情緒的で曖昧な物の言いようよりは確かな理論的裏付けがある。「みんな人間同士」では、だから自己保存のために「万人が万人に対して闘争しあう」というホッブズ的帰結にも行き着きかねない。

（2）通貨価値の変動はお札の協働量に影響を及ぼすか

各国通貨が相互に交換可能なのは、国民信用を共通の価値ベースにしているからにほかならない。それゆえ、ある国の通貨Aが他国通貨B、C、D……と交換されることは、Aが十全な国民信用の裏付けを持つことを、そしてその前提として国家が十全な形で存立しえていることを、B、C、D……の国々から承認されていることでもある（中央銀行券が強制通用力だけで成り立っている場合はそうはゆくまい）。他国通貨との交換比率が急激に低下した（円であれば極端な円安になった）ような時は、ひとまず要注意ということになる。もちろん交換比率つまり為替レートの急変にはいろいろな原因があるだろう。ヘッジファンドがある通貨を投機の対象にしたり、突然その国から巨額の資金を引き揚げたり……。

しかしそのような場合でも、国民信用は本当に盤石だったのか、実は国民自身もよくは気づいていないうちに、国民信用の実質的な存立基盤をなす国民活力に陰りが忍び寄っていたのではないかと疑ってみる余地はある。

今となっては古い話になるが、1997年のアジア通貨危機などは恰好の事例を提供するかもしれない。その時は「ヘッジファンドの帝王」ジョージ・ソロスが当時のマハティール・マレーシア首相から、マレーシアへの資金の投入と引き揚げをめぐって「金融テロ」などと名指しで非難された。これに対してソロスは「すべてビジネスとしてやっているだけ」と軽く受け流した。表向きはすべてカネ勘定で事が運ばれるが、一段掘り下げて国民信用の光と影、帰するところ国民活力の盛衰にも目を向ける必要がある。マレーシアのその後の国力はどうなったであろうか。ソロスの直感が当たっていたかどうかはマレーシア国民自身が判断すればよいことである。ただ、GDP成長率が国力を表わす一つの指標をなすとすれば、IMF統計では1998年の大幅下落（マイナス7・3％）を境にして、それ以前は9％前後だったのが、その後は4～6％台に低下している。

ある国の近未来像を占うとき、国民信用は目に見えないから通貨変動だけを追っていても占うのは難しいが、国民活力は、先述したようにそのつど手に取るようにわかるから、そこに定点観測のターゲットを定めれば比較的簡単に占うことはできよう。

諸通貨の交換比率がさまざまに変動しても、**お札それ自体の協働量は変化しない**。この点は気づかれにくい一つのポイントをなす。たとえばドル売り円買いが進んで1ドル＝90円から1ドル＝85円になったとしても、ドル札・円札の額面として具体的な数字で示されている国民信用の大きさ、すなわち協働量は影響を受けない。ドルなり円なりの流通圏内における**通貨の通用力（価値）は**、

為替レートの変動とは無関係に、ドル札なり円札なりの額面どおりに一定である。

為替レートの変動によって影響を受けるのは、輸出代金あるいは輸入代金が増減する、端的にはお札の枚数が増減する点に限られる。お札一枚一枚の価値は外貨との関係からフリーであり、独立している。「円高・円安」という言葉の意味内容をはっきりさせる必要がある。通貨交換は、「中央銀行券とは何か」をめぐって考察される中央銀行券論とは無関係である。なぜなら、中央銀行券論はお札一枚一枚の通用力（価値）を問題にしているからである。これに対して円高・円安はお札の枚数の問題である。円高・円安は実際問題としては重要だが、中央銀行券論はこれとはひとまず次元を異にする理論問題として提起されている。

5　国民の働き

（1）国民の働きは主役たりうるか――労働の意味をめぐって

生産物に含まれている労働量は、生産物が商品として売買されるときにはその価値の大きさを測る物差しではありえないが、労働なしには財もサービスも、つまり富は生み出されない。「価値実体」を労働に求める労働価値論は是認できないが、富の源泉を労働に求める労働論は否認できない。先刻から底流にあったのは、**この二律背反をどう処理するか**という問題である。

ちなみに二律背反とは、国語辞典によれば「相互に矛盾し対立する2つの命題が、同じ権利をもって主張されること」。ここでは、「**労働こそが富を生み出す**」という命題と「**富であるかどうかを決定するのはマネーである**」という命題。富を生み出すつもりで労働を投入しても、マネーと出会えなければ富を生み出したことにはならない。ある意味では簡単な理屈で、二律背反などという大げさなものではない。ちょっとした場合分けをすれば済む話だ。

①労働を投入しただけでストレートに富である。②売れるがゆえに富である。売れるというのは買い手にとって富であること、すなわち何らかの使用価値を持つ財またはサービスであること。①の代表例は家庭内労働であり、②の代表例は発達した商品経済である。両者の中間にあるのが未発達な商品経済であると言えよう。

▼家庭内労働

まず①。家庭で作る料理や日曜大工の作品などは、売り物ではないからマネーとの交換手続きなしにストレートに富でありうる。家庭内労働は有体・無体のさまざまな富を生み出している。無体の富とは、買い物や掃除、洗濯などだけでなく、種々のケア、すなわち赤ちゃんの世話、老齢者介護、その他こまごましたものも含めて、有体物の変形加工を伴わないもろもろのサービスのこと。家族のだれかに役立つ（使用価値を持つ）から富なのである。

なお、ここでは「家事労働」という狭い言い方はしていない。日曜大工に限らず、ちょっとした電気回り・水回りの点検・修理、町内会の世話役やＰＴＡの役員として雑事をこなすことなども含めるためには、家庭内労働という、もうひと回り大きなカテゴリーを用いたほうがよい。

ただし、家庭内労働は国内総生産（ＧＤＰ）の観点からは貢献度ゼロの扱いを受ける。家庭内での生産物やサービスはマネーとの交換を伴わないから、付加価値を生まずＧＤＰにはカウントされないのである。その点に限っては、山奥や孤島の自給自足者と同じ扱いだ。「個人消費」は日本の場合、国内総支出（金額はGDPと同じ）の6割ほども占めているためか大事にされるが、消費の具体的な過程で行なわれるもろもろの営みは、もう商品として売れてしまった後のこととして無視される。そこにこそ家庭生活の実質内容はあるのに――。**家庭内労働がGDPの観点からは評価ゼロという差別を受けている点は、その種の概念および経済学的思考に大きな欠陥があることを示している。***

＊かつて家事労働論をめぐっては、「ジェンダー」という言葉の影響もあって（イヴァン・イリイチ『ジェンダー――女と男の世界――』玉野井芳郎訳、岩波書店、1984年）、男女差別論の観点が強かったようだ。しかし真っ先に大事なのは男女差別論よりも前に男女に共通する問題であろう。

次に②。発達した商品経済というのは、生活と生産に必要な財やサービスをほとんどすべて商品として買うことができる段階の商品経済のこと。臓器売買や出産ビジネス、CO_2排出量取引など商品化が際限なく進む一方、難病の治療法や医薬品が未開発ないし開発途上のため商品として提供されていないといったチグハグな面はある。がともかく、近現代人の生活と生産は商品経済の発達とともに変化してきたし、と同時に商品経済の発達を促進してきた。

発達した商品経済に関して留意点を一つ――。計算上は需要に見合うだけの供給があれば（供給＝需要）足りるはずだが、実際問題としては供給が需要を上回る状態（供給＞需要）にあることを要する。「需要」と簡単に言うけれども、どの品目、衣服や靴のような買い回り品だけでなく、即席めんやスナック菓子、ビールのような最寄り品でさえ多数の需要者の欲するものは好みによって少しずつ差異がある。ボードリヤールが強調したような、他人に見せるための「記号としての差異」だけではない。もっと地味な日用品やサービスに関しても、好みには多様な差異がある。しかも事前に（供給される前に）注文や予約をしておくケースは限られているから、買う段になって選択する余地も残しておく必要がある。「選択」といっても、あれこれ考えた末のものとは限らず、気まぐれや衝動などの恣意も含む。

発達した商品経済の場合は、商品としていつでも買えることのコロラリー（当然の帰結）として、多少なりとも供給が需要を上回るのがノーマルな姿であるということになる。この**供給過剰**は「選択の余地」の範囲を超えた、資本制経済という経済システムに由来する絶対量としての（供給量を減らしても需要サイドは少しも困らないほどに市場規模を上回る）**生産力過剰とは区別される**。ノーマルな、許容範囲内にある供給過剰と、アブノーマルな、あっては困る供給過剰と。「供給過剰」にも大別二通りあるわけだ。

▼未発達な商品経済では

①と②の中間形態である未発達な商品経済においても、商品経済である以上はマネーに当事者たちは関心を抱く。しかし②とは違って、生産力したがって商品供給能力がまだ十分には発展していないため、供給∧需要の状態にあるのが通例である。そこではまだ自給自足経済が大きな役割を果

たしている。

もちろん、供給不足の状態でも、商品がすべて売れるとは限らない。「選択の余地」を考慮する必要があるから、ではない。この段階ではまだ、需要サイドがそんなえり好みをする余裕は生まれていないだろう。それでも運輸・交通手段の未発達や情報不足、供給サイドの見込み違いなどのために、供給の偏在による需給のミスマッチ、すなわち供給不足と共存する供給過剰（こちらでは足りないのに、あちらでは余っているというチグハグ）は起こりうる。とはいえ、そうした事情も一切ひっくるめて、未発達な商品経済においては「労働こそが富を生み出す」という命題が、①ほどストレートにではないにしてもほぼ当てはまる。

18世紀の人**アダム・スミス**は「労働こそが富の源泉をなす」と固く信じた。労働価値論の先駆者は、その最大の代表者マルクスによって持ち上げられたせいもあって17世紀のウィリアム・ペティ（前出）だとされ、確かにかすかな芽生えとしてはその通りであるが、労働の経済学的考察をだれよりも広く深く、人間生活に密着して行なったのはスミスである。人間生活に密着してということは、人間そのものに関する豊かな考察も含んでいるということだ（特に『道徳感情論（*The Theory of Moral Sentiments*,1759)』。邦訳は水田洋訳、筑摩書房）。

しかしスミスは、生産力が発展しすぎて労働が構造的に無駄な骨折りと化すことも大いにありうる点を見ていなかった。その限りでは牧歌的であった。これは当時の生産力発展段階が低位にあったことによる克服不能の（スミスには何の責任もない）限界である。

時代がくだって今日では、労働が無駄な骨折りと化す事態は異常なことではなく常に起こりうることである。作り手としては、売れないプロバビリティ（確率）も念頭に置かざるをえなくなった。もっとも、弁当類にしても新聞・雑誌にしても、コスト計算には売れ残り分も織り込み済みで、実際の買い手がその分も負担しているのであるが。ただしそのような損失回避策は、同業者との競争関係も考慮しなければならないので、いつでもどの品目にも適用できるわけではないだろう。価格の面から見ると、「買い手市場」という言葉も聞かれなくなった。一時的なことではなく常態と化してては、そのような言葉づかいをする意味もないのだろう。わが国における近年の「デフレ」も買い手市場の常態化と言えよう。

▼本節のまとめ

資本制経済という経済システムは、競争圧力に駆動される資本蓄積のメカニズムを備えている点で、生産力を発展させることにかけては史上最強のシステムなので、次第に品余りになる可能性が増大するのは必然的なのである。必然的と言っても構造的と言っても同じこと。マネーとの交換を目指して**投入される労働の徒労化、無意味化は避けられない**。あとは生産者にとって、どこまで耐えられるかという問題になる。ＮＰＡ（非営利活動）なら、「助け合い」と同様に無駄な骨折りや虚しさを回避できる。——という点もＮＰＯ（非営利組織）ばやりの一因なのかもしれない。

１９３０年代に具体化され始めた**管理通貨制**が、定着する時期は国によってまちまちであるが、定着して以降、国民は物づくりであれ物売りであれ、その他のサービス業であれ、働いてその見返りに不換中央銀行券（お札）を受け取っている。国民の働きが国民経済の土台をなし、そして国民が国民信用という形で通貨の通用力を支えることによって国民経済は円滑に営まれる。それは確かにそうなのだが、しかし事実として、国民の働き、すなわち肉体的・精神的な諸能力の発揮がそのまま自動的に意味のある行為ではありえなくなっている。無意味な行為に終わることもある。そこに、働く者の喜びも虚しさもある。

働く者が働きの意味を自己決定できるわけではない。結局はマネー所有者の意向次第である。しかし再び要注意。働く者とマネー所有者とは別々の人々なのではない。多くの場合、働く者自身がマネー所有者である。

全部ひっくるめて、国富の産出に関する国民の働きも中央銀行券に関する国民信用もともに「国民こそが主役」であることの表われである。マネーが働きの意味と無意味を判別する。そのマネー（中央銀行券）は、発行元は中央銀行だが実質上は国民自身の協働生産物である。国民は協働して国民信用を形成する点では主導的役割を果たすが、その結果として、みずからの働きに関しては従属的な位置におとしめられるわけだ。**国民は主人でもあり従属者でもある**。ほかにはだれもいない。神や仏がいるわけでもないし、人間界に特別の人がいるわけでもない。国民こそがいかなる意味においてもオールマイティである。もちろん、負の結果も引き受けなければならない。

（2）物価上昇が国民の働きに及ぼす影響

為替レートの変動によって、輸出入に関係の深い企業の従業員ほど直接の影響を受けるが、そうではない国民の働きは回り回って間接的な影響を受けるにとどまる。国民の働きが受ける影響は、置かれた立場によってバラツキがある。これに対して、物価水準の変動はすべての国民に直接の影響を及ぼす。働きに及ぼす影響という観点から物価についても多少は見ておく必要がある。手短に触れておこう。物価下落は物価上昇と逆の現象だから、国民の働きに対しても物価上昇とは逆の影響を及ぼす。

▼デフレ論の誤り

わが国ではもう何年も前からデフレ論が盛んで、その打開策があれこれ議論されてきた。デフレすなわち「持続的な物価下落」を悪者扱いする論調が目立つ。一般人にはなかなかわかりにくい理屈だが。しかし**資本主義の歴史を振り返ってみると、長期傾向としては物価下落を実現してきたところにその持ち味がある。**物価下落は、資本（企業）が競争圧力に押されて、特に不況局面で生産性の向上による生産コストの引き下げを余儀なくされたことと、そして20世紀の特徴としてアメリカを先頭に自動車や家電製品など耐久消費財の大量生産の時代を迎えたことによってもたらされた。

他方、好況局面で労働力需要の増大が人手不足を招いた時には、賃金上昇を引き起し、物価下落と合わさって一般大衆（その主力をなすのは賃金労働者、給与生活者であろう）の豊かな生活を実現してきた。かつては一部富裕層にしか手の届かなかったぜいたく品（たとえば自動車）も一般大衆の必需品になった。経済システムとして必然的に生活の向上をもたらしてきたところに資本制経済（資本主義）の持ち味が、あえていえば偉大さがある。それゆえ、持続的な物価下落とは反対の物価引き上げを目指すのは、資本主義の歩んできた道に逆行し、その偉大さを否定することになるから、しかるべき合理的な説明が必要である。

インフレ退治が伝統的に中央銀行の主な役目とされてきた。「**インフレ目標**」なるものが〝白昼堂々と〟政策課題とされるのは珍しいことではなかろうか。だが、根底には構造的な生産力過剰があり、それが長期継続的な供給過剰をもたらして物価押し下げ要因となっている。肝心の経済システムのほうは度外視して小手先のインフレ路線をとっても、はたしてうまくゆくだろうか。「うまくゆく」ということの中には、もちろん、国民生活のためになることも含まれる。やみくもに政策的な手段を講じる前に、その意味についての説明が必要であろう。

供給過剰と言っても需要不足と言っても同じこと、などと粗雑な言い方をする人もいる。両者は表裏の関係にあると思っているようだ。しかし**「同じこと」ではない**。

供給過剰と言えば供給サイドに原因があることになる。ただし、一口に供給過剰と言っても、先述した（5(1)「国民の働きは主役たりうるか」）「選択の余地」の範囲内にある場合は別扱いしなければならない。この供給過剰はむしろ需要サイドの「好み」に原因がある。そういうケースは別とすれば、長期継続的な供給過剰は生産設備の過剰に起因する。

これに対して「**需要不足**」（もともとは、過少消費説から着想したケインズの言葉）という捉え方は、現有の生産設備が適正水準にあることを暗黙の前提にしている。悪いのはもっぱら需要サイド？　これでは「需給ギャップ」の真因を捉えそこなってしまう。

すぐ後ほど見るような理由で、物価上昇とは逆に物価下落が国民の働きの意義を高めることは確かである。働く者を何ほどか元気づける。その面では「デフレ」は歓迎すべきものだ。しかし他面では、物価下落は供給サイドを沈滞させて雇用の減退を招く、とも言われる。雇用の減退がはたして「物価」のせいなのかどうなのか。このあたり、現にデフレ状況下でも人手不足が起きているので精密な見極め（因果関係論）が必要であろう。

▼物価上昇の原因が商品の側にある場合――続・デフレ論の誤り

物価上昇は、国民の働きそのものを直撃する。仮に商品A＝1万円だったのが1万1000円になったとすれば、この価格上昇の意味はどのように理解すべきか。この点については次項で詳しく検討する。その前に物価上昇の原因について少し見ておきたい。原因についてはあれこれの見方があるが、**原因が商品の側にある場合**と**お札の側にある場合**とに大別される。

原因が商品の側にある場合は、当然、需要の増大に注目しなければならないが、需要増大が直ちに物価上昇を引き起こすわけではない。供給過剰の状態にある時には、物価上昇は供給>需要という不均衡が是正された上でのことになる。この点はしっかり踏まえる必要がある。つまり、需要が増大し始めても物価に変化が表われない短長の期間があるということだ。その期間の長さは供給が需要を上回っている度合いに比例する。

政府が企業の賃上げを奨励するなどして個人消費が仮に増大したとしても、供給>需要という不均衡が是正されるまでは物価上昇には結びつかない。しかも、経済対策として投資減税を行なうことで設備投資が奨励されることもある。需要促進の一環のつもりであろう。これはしかし供給能力を増大させることだから、一時的には設備投資が物価をなにがしか上昇させる要因になるように見えても、中長期的には需給ギャップは広がる一方で、意図に逆行する政策ということになる。いずれにしても、**需給不均衡を表面的にだけ捉えていたのでは何の解決にもならない**。

供給過剰が経済システムがらみの構造的な生産力過剰に起因する場合は、供給>需要という不均衡の是正、したがって価格面でいえばデフレの克服は容易なことではない。仮に物価水準が微増したとしても、円安で輸入品（原油や天然ガス、さまざまな原材料など）の価格が高くなったためというのでは、輸出企業のメリットにしかならない。とりわけ国内需要が飽和状態に達している先進国では、生産設備ないし供給能力そのものの削減が避けて通れない重苦しい課題となる。このため、**構造的な供給能力の過剰ということは認めたがらず「需要不足」論で乗り切ろうとする**。

しかしケインズの時代とは生産力発展度が大きく変わっている。80年前のケインズの用語ないし理論を今もそのまま適用することはできない。経済学説はアダム・スミス、マルクス、ケインズのものに限らず、みんなどんどん古びてゆく。時代状況が変われば、そのつど古びた部分を新しい考え方と差し替えてゆかねばならない。彼ら先達もまたそのように新しい時代と向き合ってきた。そして理論革命の担い手となった。○○主義（者）と称して旧説をそのまま信奉し護持しようとするのは、力量不足の、でなければ怠惰の表われであろう。理論は宗教ではないのだ。ホンモノの理論革命をなし遂げるの難しくても、中小の理論改革は絶えず必要であろう。

成熟段階にある消費者は欲求もほぼ満たされているうえ、自分で判断できる賢さも持ち合わせているから、物価上昇を「需要拡大」策やマスメディアを使ったキャンペーンによって達成するのは困難であろう。**「値段が安い」ことを歓迎する動かしがたい気分が根底にある。それもまた資本制経済が長年の実績によって植え付けてきたものだ。**むしろ、供給能力をいったん削減すれば供給＜需要という不均衡を少しは改善できる道理である。物価水準も少しは上向いてくるかもしれない。

ただ、私営企業同士はどこも率先して生産設備を削減することはしない。我慢合戦の末にだれが貧乏くじを引くかという話になる。石油元売り業界のように、行政指導に従って業界全体が製油所の閉鎖など石油供給能力の削減を余儀なくされる場合もある。業界の意向に反してではあろうが、需給の理屈にはかなっている。

デフレ退治を目指して金融緩和策の金額を見境なく大きくしても、資本主義という経済システムの特質を踏まえたものでないと空振りに終わるだろう。しかも、地球温暖化ガスや鳥インフルエンザ・ウイルスなどと同様、国境はないに等しいから国内政策の実効性には限界がある。

▼お札の増発が物価上昇の原因か

物価上昇の原因がお札の側にある場合は、どういう理屈になるか。通貨供給量が増大すれば、どのような因果順序で、どのような経路を辿って物価上昇に結びつくのか。たとえば現代日本においても、国債の発行や日銀の金融緩和策などで通貨供給量（マネーサプライ）ないし資金供給量（マネタリーベース）は過剰なくらい増大しているが、物価は日銀の目標どおりには上昇していない。

人為的に物価上昇を、ないし「物価水準全般の持続的な上昇」としてのインフレを引き起こすのは簡単なことである。歴史を振り返ると、**インフレ政策**が採られたことは何度もある。俗に言う「お札をどんどん印刷して」通貨価値を下げればよいわけだ。どんどん印刷するとは、中央銀行が市中金融機関から買い取ったりする国債などの見合い資産もなしに無秩序にということ。これは破局的なハイパーインフレへの道をまっしぐら突き進むことにほかならない。このような特殊ケースでは、通貨供給量の増大が物価上昇を引き起こすという言い方もできる。しかしそれは一般的に言えることではない。今、こうした特殊ケースを想定する必要はあるまい。節度ある物価上昇が可能かどうかを問えばよい。

通貨の健全性を維持している限り、**物価上昇は**お札の増発が原因で生じるのではなく、**端的に商品需給の不均衡によって生じる**。三重の条件が必要である。

た。①通貨供給量が増えた。②それが商品需要の増大に結びついた。③商品需要が商品供給を上回った。むろんこの場合も「選択の余地」は残しておく必要があるから、文字どおりの需要（実需）が供給を上回らなくてもよく、結果的に「選択」されなかった分（仮需要）も加えた合計が供給を上回っていればよい。需要サイドが不足感を覚えるようになれば物価押し上げ要因になり、あわせて供給サイドを刺激する。単に①だけでは物価上昇は起きない。物価上昇の原因は、今しがた「物価上昇の原因」項で見たような理屈で商品の側にあると考えられる。特に③の条件が注意点をなす。「需要サイドの不足感」。これも需給関係の実情を肌身で感じる上で大事な点だ。

▼「国民の働きが割を食う」とは

通常の物価論とは**異質の論点**を差しはさんでおく。商品Aの値段が1万円から1万1000円に上がってその値段で売れたとすれば、商品Aの協働量も千円札1枚分だけ増大したことになる。商品Aはそれだけ高く評価されるわけだ。ここが大事な点で、商品Aに含まれている労働量は商品A=1万円の時と同じだが、**商品Aの協働量はマネー額の増大分だけ増大する**のである。商品の価値そのものが上がるわけだ。

「商品の協働量」といっても、もともとは商品に「含まれている」諸労働がベースをなしており、**諸労働の総計を**実際の営みより少し宙に浮いた次元で（鳥の目で、人工衛星の目で、分析者の目で）見て、**通時的かつ共時的な協働量として捉え直したもの**である。商品に現に「含まれている」

労働量をもって商品価値の大きさを規定することはできないから、このような捉え直しが必要なのであった。現代のハムレットなら言うだろう。「売れるか売れぬか、それが問題だ（To sell,or not to sell;that is the question.）」と。商品が売れた時には商品価値の大きさはマネー額に等しく、マネー額は国民信用という協働価値の大きさを表わしている。それゆえ商品の協働量はこの協働価値の大きさに等しい。**商品にはマネー額相当の協働量が「含まれている」**と見なすことができる。*

＊なお、五百円玉などの補助貨幣は協働とは無関係である。わが国では現在、6種類の補助貨幣が発行されているが、これは国民信用に裏付けられて通用しているのではない。政府による強制通用力なしには通用しない。しかも強制通用力にも制限がある（額面の20倍まで）。あくまでもお札の「補助」でしかない。同じく金属製でも、かつての金貨幣などが自力で信用を獲得していたのとはまったく異なる。

補助貨幣を受け取る際に、受取人は晴れやかな顔ではなく冴えない顔をする。なぜだろうか。単に金額が小さいからというだけではないだろう。発行元が日本銀行ではなく日本国（政府）であるという理屈っぽい違いも、ここでは持ち出す必要はなさそうだ。晴れやかな顔をしないのは、補助貨幣を価値物として実感できないからであろう。この感覚は理論的にも正しい。小銭を貯め込む場合も、お札との交換を念頭に置いている。いつもお札の威光に頼っている。補助貨幣は政府（財務省）が大阪造幣局で必要に応じて適当に製造しているだけ、という印象を多くの国民は抱いているにちがいない。

▼物価の上昇と協働の量

物価が上昇することは、以前と同じ商品の協働量が増大することである。しかし働きの報酬（賃金・給与）が据え置かれたままなら、受け取るマネーの協働量も同じままだから、商品の協働量との間にはズレが生じて**「国民の働きが割を食う」**ことになる。物価上昇は国民の働き（労働）とは直接関係のない原因で生じるにもかかわらず、労働にもろに影響を及ぼし労働の価値を低下させるのである。

ちなみに、「労働の価値」という言い方はマルクス価値論の立場からは非科学的な俗流表現ということになろう。しかし「労働力商品の売買」がすでに終わった後でも、「労働力の使用価値」にすぎない労働の、その報酬が一時金（賞与、ボーナス、期末手当など）の支給という形で変更されることはしばしばあることだ。これは賃金改定（労働力商品の価値変更）とは別ものである。労働力の価値は据え置いたまま一時金を支給することは、労働がどの程度の協働価値（マネー）を生み出したかによるのであり、その結果次第で労働者にリターンされる価値の大きさも違ってくるのである。

もともと**労働力と労働との概念区分は**、剰余価値の発生根拠を説明するために、すなわち賃金労働者が賃金（労働力の価値）以上に労働させられていることを言うために考え出された**理論上の手続き**であった。しかし賃金労働者が賃金（労働力の価値）以上の報酬を受け取ることもあるわけだから、硬直的な原則論にとらわれることなく実情に応じて柔軟に対処する必要がある。

本線に戻る。商品に含まれている（対象化されている）労働量は、すでに終わったこととして既定である。あとはマネーによる評価を待つだけ。労働量とマネー額とは直結しない。これに対して**商品の協働量は、商品価値（マネー額）の上がり下がりをそのまま反映して増大または減少する。**そのことが労働の価値の低下または上昇を引き起こす。商品の値打ちが上がれば、商品の売り手にとっては好ましいことであろうが、商品の値打ちが上がった分、自動的に、だれも何もしなくても労働の値打ちが低下する。商品の値打ちの上がりと労働の値打ちの下がりは、シーソー遊びのように一対をなしている。

まとめると――。労働の値打ちの下がりも、もとはといえば不特定多数の人々、その大部分は働く人たちであろうが、その人々が寄ってたかって物価上昇という形で引き起こしたことである。「労働が富を産出する」といっても、商品経済、とりわけ生産力が発展した段階においては労働は無条件に尊重されるわけではない。労働生産物または労働そのもの（サービス）に対するマネー所有者つまり買い手の評価次第である。高僧の説法のように、「汗水たらして働くことは貴いことじゃ」とは限らないわけだ。**物価上昇局面では、すべての労働が一斉に評価を下げる。**物価下落局面では逆に、商品の協働量が減少する分だけ労働は高く評価される。ただし、物価下落後も働きの報酬が据え置かれたままなら、という条件付きでだが。

背景事情をなしているのは以下のようなことであった。商品は売れる時には価値を持つ。売れるとは中央銀行券と交換されること。中央銀行券は国民信用に支えられて協働価値を持つ。したがって、商品も売れる時には協働価値を持つ。つまり、売れる時の商品は国民信用に支えられているのである。労働は富（使用価値）を産出するという重責をになうものでありながら、「本当に」富を生み出したのかという点については、自己決定はできず、あくまでも受動的な立場に置かれている。

（3）国民の自作自演

要約。①原因が何であれ、**物価上昇は国民の働きの価値を**——円高・円安の場合は輸出・輸入関連度に応じて国民各層間にバラツキがあるのとは違って——**全員一律に低下させる。**

②この価値低下はまさに商品の協働量が、同じことだが協働量を表わすマネー額が増大するために生じる。商品に含まれている労働量は、いったん作った以上は一定だが、協働量が増大した分だけ**労働量と協働量とのズレも大きくなる。**「商品の協働量」という概念は、もともとは、商品に含まれている諸労働量の総計をベースにして成立したものである。ところが、商品の協働量はマネー額（マネーの協働量）に等しいという関係に置かれることによって、商品の協働量はもはや商品に含まれている労働量とは無関係なものと化すのである。

③マネー（お札）は国民の協働生産物だから、結局、国民の働きに関しても**国民自身が働きの価値を左右**している。

④そもそも商品需要の増大が物価上昇を引き起こすこと自体が、市場経済全般に共通することとして、国民が寄ってたかってなしていることであり、**国民の自作自演の産物**である。

働くことが「人間」としての存在理由（レゾン・デートル）をなしている度合いに応じて、物価変動は人間の値打ちをも多かれ少なかれ左右するわけだ。哲学者の言う「人間」概念とは違って、現実の人間像は絶えず価値変動にさらされている。そして、くどいようだが、この価値変動も人間たちが寄ってたかって生じさせていることである。

6　イデアールなものが君臨する時代

為替レートの変動とか物価上昇とかの個別問題に埋没していると息苦しいだろうから、少し外気にあたることにしよう。屋外はやはり広いと感じるだけでもリフレッシュ効果はあるだろう。そして一呼吸したあと、外気にはサヨナラして再び各自の個別問題に戻ればよいのである。ここで外気とは、とりわけ次の(2)「**事物世界の変容**」および(3)「**人々の認識の変容**」でスケッチするような**時代論**を指す。誇張表現になっているかもしれないが、それならそれで反面教師として参考にしていただければよい。

(1) イデアールなものとは

▼協働論の視座

不換中央銀行券（お札）の時代は、とりあえず経済領域に限ると、**イデアールなものが君臨して**

レアールな世界全体を統御する時代である――このような目星を付けて少し時代の特徴づけを試みてみよう。

「イデアールな」とか「レアールな」とかの言葉づかいについては、先に（Ⅱ3⑶「協働量をいかにして計測するか」）述べたことを想い起こしておこう。「レアールなもの」とは「姿や形が目に見えるもの」のこと、「イデアールなもの」とは「姿や形が目に見えないもの」のこと。目に見えなくても存在している。これが枢要点をなす。

プラトンの「イデア」は、これを信じる者にとって存在したにすぎないが、素粒子論の分野では、存在しているはずだと予言されていたものが実際に次々と観測されてきた。未だ存在が確認されていないものについて「理論」という名の観念が先行していたわけだが、これを観念論だと嗤った者たちは結果的には嗤われたことだろう。そして「観念論」者がホンモノの（素朴なものではない）実在論者として名誉を回復する。湯川秀樹の「中間子（メゾン）」は今となっては古い話だが、比較的新しいところでは「ニュートリノ」「ヒッグス粒子」など。そこはインスピレーションないしイマジネーションの領域だから当たり外れはあり、一種の賭けの世界である。実際、外れに終わって忘却されてしまったケースが大半であろう。

ヘーゲルの観念論は既存のもの、すでに存在しているものを独自の理念図式に当てはめて配列したもので（『法哲学』がその代表例）、この配列の仕方には前例のない新味があったが、右に見た素粒子論には存在するものに関する新たな発見がある。このような「発見」の契機があるかないかが、単なる理念主義としての観念論とサイエンスとしての観念論との分岐点をなす。協働価値論の分野でも、「国民信用」というキー概念は発見の名に値するであろう。

一つの中心的な論点は、お札の登場と支配によって**労働がどのような意味変化をこうむるか**、ということであった。労働は物との関係では、労働する側の一存で変形加工も操作もできるから能動的な役割を果たすが、マネーとの関係では、「評価される」という受動的な立場に置かれる。したがって、少ししか、あるいはまったく評価されないこともある。

このことは金属貨幣の時代においてもそうだったが、マネーとはお札のことという時代になると、新たなハードルが待ち受ける。金属貨幣であれば、商品も貨幣も同じく労働生産物であるという点では仲間同士だったから、意思疎通もしやすかったが、お札となると、同じく労働生産物であるという共通項で商品とつながる関係ではなくなる。国民の協働としての国民信用がマネー価値の裏付けをなし、この協働が労働の社会的意義を左右するようになる。*

＊「社会的」は多義的な言葉で、マルクスのものに限っても九通りほどの語義があるが（高橋洋児『マルクスを「活用」する！』新装版　言視舎、2015年、参照）、ここでは「他人のために」役立つ、の意。

諸労働の融合一体化を協働として捉えることで、商品とお札との交換を成り立たせる共通ベースは確保できた。しかしこの協働はまだ生産者サイドの私的な営みにとどまっていて、マネーによって買われるという社会的承認を得たものではなかった（ここでの「社会的」は、国民信用の裏付けを獲得するほどに「全国民的な、マクロ的な」の意)。

イデアールなものを前面に出しているからといってイデアリスムス(理念主義)の主張なのではないことは、今も素粒子論を引き合いに出して触れた。無数にあるレアールなものども(物や人や事)が有する、独自の存在意義を認めた上でのイデアール論である。**お札も独裁者も、協働のファクターが加わる前は、単なる紙切れであり平凡な人である。**人の場合であれば、のちに「有名人」になると、「エッ? あの人が?」とびっくりされるような並の人間である。が、並でもそれぞれに独自の存在意義はある。事とは、簡単にいって人々が織り成す営みのこと。包括範囲は広いが、そこいらの、家庭や商店、路上などでのあれこれの営み(会話やさまざまなやりとりなど)にも、それぞれなりの存在意義はある。

協働論は、それらもろもろのレアールなものどもの存在意義を認めているどころか、そもそも物なり人なり事なりのものどもに基づくことなしには成り立たない。「イデアールな」とは、何らかのレアールなものに基づく協働を、レアールなものとは区別して性格づける言葉にすぎない。レアールなものどもについてレアールな言葉で語っているだけで済むのなら、イデアールな、などという大仰な、勿体ぶった言葉を振り回す必要はない。だが、レアールな言葉だけでは説明しきれないこともある。

円とかドルとかの通貨名称を、協働価値としての国民信用の大きさを計測する尺度として用いたのも、あくまで「代用」としてであった。国民信用を量として端的に表わす計測尺度があれば代用などしなくてもよいのだが。しかも、ある種の理系学問（天文学など）のように、日常生活とは無縁の計測尺度や計測単位を使用することはできない（「光年」はもとより、比較的なじみのある「光速」でさえ日常的とは言えない。「音速」程度なら何とか実感できるが）。協働論は日常生活の学であるから、たとえ「代用」に頼ってでも日常的な用語が望ましい。

協働論は、ごくありふれた、平凡な、普通のもの（物・人・事）が普通「以上の」もの、特別なものに成り上がるメカニズムの解明という一面を有する。したがって、成り上がりを目論むのならこのメカニズムを研究して戦略・戦術を練る必要がある。ある特定のものが持つ自力に頼っているだけでは成り上がりは無理である。多数の者を動員する必要がある（アドルフ・ヒトラーあたりは、このメカニズムを自覚的に適用しえた数少ない人物かもしれない。わが国の天皇＝現人神《あらひとがみ》は周囲の者たちがデッチ上げたものであったが）。その意味では協働論は、見かけの難しさに反して平明な実学であり、コンサルティングのツールにもなる。

▼要約と次へのステップ

枢要点。①**イデアールな性格を持つ協働**（たとえば国民信用）**がレアールなものども**（たとえば労働）**の存在意義を左右する決定要因をなす**。②この決定メカニズムに**個々人は諸個人（多数者）としてのみ関与**しうる。そして話の局面は少し変わるが、③お札の時代になると人々の認識が変容し、そのことが**事物世界にも大きな変容**をもたらした。以下、これらについて補足説明をしておく。

まず①について。協働がいつもイデアールな性格を持つわけではない。たとえば協業や御輿かつぎ、家庭生活や企業活動、運動会やオリンピック大会の運営、議会・国会での審議などは、だれの目にも見えるからイデアールな性格をおびない。

本書で「イデアールな」という言葉を用いる場合でも、レアールなものが協働の基礎をなしている。ある特定のレアールなものに多数の矢印が集中して一つに合わさるとき、お札や独裁者などが生み出される。個別の矢印は目に見えても、それらが全体として特別なものを生み出すところまでは目に見えない。そこは分析力や認識力に頼らざるをえない。しかしこの分析力や認識力は何ら特権的なものではなく、物事を少し深めて考えることを重ねれば、だれにでも会得できる。

②は、言い換えると、**個人はちっぽけな存在にすぎないが諸個人は時に巨大な力を発揮しうる**ということ。ネルソン・マンデラのように「偉大な人物」だったと称賛される場合でも、被差別民族全体の代表として偉大だったのであり、マンデラ自身も絶えず民族のことを思うことなしには長い獄中生活を耐え抜くことはできなかったであろう。多数の人々が有形・無形の支えをなしたのである。

次元は落ちるが、ちっぽけな存在でも、諸個人の協働の所産であるマネーを所有することによって、マネー額に応じて〝大きな〟存在に成り上がることができる。そして札束で相手をひれ伏せさせたり相手の頬をひっぱたいたりすることもできる。童話のテーマにしてもよさそうな、いや、すでにあったかもしれないが、小物が〝大物〟に成り上がる不思議なカラクリだ。これはしかし、おとなの世界ではごくありふれた現実である。

ちなみに、貨幣のことをマルクスは「ポケットの中に入れることができる社会力」（『経済学批判』序説、1859年）と表現した。社会力とは協働力のこと。闇夜を切り裂く一閃《いっせん》、目の覚めるような直観であった。

③については、本来なら多くの思想的議論をしなければならないところだが、ここでは当面必要なことのみを手短に述べる。

（2）事物世界の変容——金本位制の廃止

まず事物世界で大きな変容があった。金生産が生産力発展に伴う商品取引量の増大に対応しきれなくなったことが、**金本位制の適宜性**（suitability）**を失わせた**。対応しきれなくなった第一の理由は、金鉱石には限りがあるという**自然的制約**であり、第二の理由は、採掘・製錬などの生産過程が多大な労力等のコストを要するという**経済的制約**である。

商品取引量が増大するにつれて、兌換銀行券の発行元での金準備量も増大する。商品取引全般が円滑に営まれているときは流通手段は銀行券や商業手形などの「信用貨幣」で間に合うとしても、金兌換を求められた際の準備を怠るわけにはゆかない。しかし必要なだけの金を準備することが、金鉱石には限りがあるという自然的制約のため次第に困難になる。金準備が十分でなければ、銀行券の発行高が制約されて商品取引の拡大も制約される。逆にいえば、商品経済を伸びやかに発展させるためには、流通手段を不足なく潤沢に用意する必要がある。

しかも金の供給量に限りがあれば、商品としての金の価格上昇要因となり、自由市場での金価格と金兌換のレートとのギャップはますます大きくなる。仮に兌換して入手した金を自由市場で売れば、大きな利ザヤ稼ぎができることになる。もしそういう事態が蔓延すると、金本位制そのものがゆらぐ。

話は一足飛びに飛ぶが、１９７１年8月15のニクソン・ショック（ドル・金交換停止声明）の背景にも、対外流出ドル（世界各国のドル保有総額）がアメリカの中央銀行である連邦準備銀行の金準備（保有する金の量）をはるかに上回るようになったために（ある推計によると、70年には７００億ドル対１１０億ドル）、金との交換（35ドル＝１オンス）を求められても応じきれなくなったという事情もある。当然、ドル支出を伴う経済活動も軍事行動も制約されるわけだ。

第二の理由、経済的制約についても付言しておくと――。物づくりや物運びに役立つ機械類・装置などの労働手段や運搬手段であれば、コストをかける必要もあり、またかけたコストの元も取れる。しかし流通手段の背後に控えていることが多く実際に出動する機会が少ない準備金には、なるべくコストをかけないのが合理的である。なくて済むものならないのが一番よい。「兌換」などという保証をしたために、重い負担を抱え込むことになってしまった。

とはいえそれは、金貨幣（の時代）との間に断絶が生じないようにするためには必要なステップであった。人々（経済当事者たち）が違和感なく受け入れることのできる新しい制度、それが金本位制であった。だが、もし新しい制度に不合理な点があるのなら、その制度をなるべく短期間で改めたほうがよい。金本位制が、イギリスの場合（1816年発足）、1世紀以上も存続したのは長期的すぎた感もある。

人類が採掘してきた金の総量は15万トン（50mプール3杯分）程度ともいわれる。しかし古い時代の産金量をはじめ、他国による略奪分や輸送船の沈没分、持ち主の隠匿分など不確かな部分は多いから、この数字は根拠薄弱な当てずっぽうの域を出ない。ただ、他の生産物とは比較にならないくらい少量であろうとは推測できる。半面、その採掘・製錬に要したコストは生産量とは不釣り合いなくらい大きいであろう。

いずれにしても、金を流通手段として、ないし兌換銀行券の保証物として用いてきたことに伴う「無駄な」コストは膨大なものであろう。もっとも、それは徹底した合理主義の観点からみた場合の話。人類が実際に歩んできた道はまるきり違っている。人間の歴史は設計図に従って展開するものではないから、不合理だらけなのがむしろ自然だとも言えよう。

以上二つの理由から、金本位制の廃止は商品経済がさらなる発展を遂げるために、いずれは直面しなければならない必然であった。

（3）人々の認識の変容——管理通貨制の思想的意義

金本位制から管理通貨制への転換は事物世界の一大変容であった。思想的にも大きな出来事であった。金融論の専門家にはその種の思想的なことは無縁であり、また思想家にはその種の金融関連のことは無縁であろうから、両者どちらにとっても無縁の論点が手つかずのまま残されてきたわけだ。

金本位制の御役御免に伴う金《キン》離れは、人間社会における最終的な拠り所を何らかの物に求める発想からの離脱の始まりであり、新しい時代の到来を告げた。**人間の根源的な不安をいっそう増幅する要因**になったかもしれない。「人間社会における最終的な拠り所」という言い方は漠然としているる。神の許しや仏の慈悲にすがるしか生の拠り所が残されていない人も少なからずいるだろう。だからここでは、経済領域における最終的な拠り所としては、といった限定を付ける必要がある。ともあれ、金《キン》離れは人間の思考の歴史においても転機となる大きな出来事であった。

▼金志向とは

通貨の信用が著しく低下したりすると今でも金志向が強まる。最終的な拠り所を依然として金に求めているように見える。しかしそれは外見上のこと。人間もそう単純ではなく、多少なりとも

「進化」してきている。確かに金亡者は金という物そのものを有難がるが、少し内面をのぞいてみると、この金志向そのものが、金に寄せあう人々の高い評価（協働の所産）を当て込んでいることがわかる。「いざとなればこの金を売ればよいのだ」と思っている。金《キン》という物を有難がっているように見えても、**実は人々が寄ってたかって生み出す協働の力を有難がっている**わけだ。

金に対する高い評価の源泉は何か。①（銀とは違って）酸化しない、変色しない、光沢がある、見た目にも魅力的など、他の金属にはない化学的性質や審美的要素をベースに、②少量でも価値が大きいため持ち運びに便利、分割・再結合が容易などの特性も加わって、③金が積み重ねてきた商品経済上の実績（貨幣の座に上り詰めたこと）である。

特に③は長年月にわたる通時的協働の所産である。古い時代ほど、商品経済上の価値に対する意識は稀薄であり、むしろ「金属の太陽」「金属の王」として、金そのものが持つ権威の象徴としての意義が大きなウェイトを占めていたであろう（マルクス『経済学批判要綱』貨幣章「貨幣関係の担い手としての貴金属」節）。16世紀にスペイン人が乗り込む以前のインカ帝国などでもそうだっただろう。

お札の時代に生きている普通の人たちは、マネー額が同じなら金よりもむしろお札を有難がるにちがいない。金を持っていても日常生活には役立たない。宝飾品などに加工すれば、それなりの役立ちもあるだろうが。日常生活を営む上では、金をいったんお札に換えること、つまり当て込んでいた人々の高い評価に依存することが必要である。金に資産価値があると思う人は保有し続ければよい。ただし金保有は、日常生活に必要なお札を十分に確保した上でのみ有意味である。

▼再び事物世界の変容へ

人間生活に占める経済のウェイトの大きさからして、経済面での歴史的な変化は**人々の認識そのものをも変容させずにはおかない**。少なくとも認識変容の転機となる。それ自身で価値を持つお札の登場は、手形や小切手、株券、債券など有価証券*の、つまりは単なる紙券の役割増大と相まって、日常生活に密着した意識の形を変えつつ認識の変容をもたらしてきた。「物の見方・考え方」全般にもなにがしか影響を及ぼしてきたのである。**認識の変容は反作用して、今度は事物世界のあり方を変容させる**。

＊有価証券は「有価」といってもマネーとの単なる引換券にすぎず、マネーのような価値物ではない。当事者たちの約束（契約）だけで成り立つものであり、国民信用の裏付けがあるわけではない。

人間が確かさの拠り所を求める時、最終的に一番確かなものは何か。むろん、姿や形がなく目にも見えないイデアールなものは敬遠される。では、神や仏はどうなのか。姿や形がなく目にも見えない。さりとて、目に見える神や仏の像は無数にあるから、どれもホンモノとは言えない。神や仏は、信仰されることはあっても「確かさの拠り所」という点ではクエスチョン・マークが付く。実際に神や仏に助けられた人はいるだろうか。いまい。もし助かったのなら、それは命でも金銭面でも周りの人たちが助けたのであろう。神仏でもその程度だから、「国民信用」などだれも当てにしない。知ろうともしない。おそらく、姿や形があって目に見えるレアールな物が一番確かで信頼できるのだろう。

それゆえ国民信用も、お札の形になれば絶大な信頼を獲得する。しかしその実質はイデアールなものである。金《キン》もまたしかり。もはや余分な解説は不要だと思うが、国民は互いに他の国民を一番信頼していることになるのである。これこそが力合わせの本義であり協働のエッセンスである。

したがって金本位制の停止に伴う**金《キン》離れは、レアールな物に確かさの最終的な拠り所を求める「物の見方・考え方」からの離脱**という意味合いを持つ。むろん、それで完全に離脱できるわけではなく金志向のようなものも残存するが、離脱のほうへと大きく舵《かじ》を切った。

紙離れ（ペーパーレス化）もその延長上にある。マネーや株券、役所手続き、投票用紙、手紙などの通信文、原稿、新聞、書籍などが次々と電子化され、人々に違和感なく受容されるようになる。近年わが国では、手形の債権を電子債権にペーパーレス化して決済する仕組みが急拡大しているとのこと。電子手形とも呼ばれる。紙ではないから印紙税を節約できるなど、もっぱら手形の発行や管理に伴う費用・手間の節減という目先の観点から注目されているけれども、変容の底流には人々の認識変容が、事物世界の変容を違和感なく受け入れる認識の形があることは間違いない。こうした事物世界の変容もまた、多数の人々が無自覚のうちになし遂げる大きな事の一例である。

事物世界の変容には、むろん情報通信手段をはじめとするあれこれのテクノロジーの発達も寄与している。しかし人々が違和感なく受け入れる気になっていないことには新しいものも普及しない。

技術屋さんは技術だけで何でもできると思いがちであるが、事実はそうではなく、事物サイドの客体的ファクターと人間サイドの主体的ファクターがともに必要である。

不換中央銀行券（お札）の登場と支配が人々の日常的意識、さらには認識一般（物の見方・考え方）の変容を通じて事物世界の変容をもたらしてきた点は、もっと注目されてよい。このような視点に立つことにより、今後とも事物世界がさらにもっと変容するであろうと予測して、その動向を先読みすることができるであろう。

これまでの事物世界における基本動向は、マネー論の視点からする限り、金属→紙→ペーパーレス化（電子化）である。当面は、電子化のさまざまな応用の時代が続くであろうが、やがて電子化に満腹して、もっと原始的なものに回帰する時が来るかもしれない。電子化も含めて技術の発達が利便性や効率を高めてきたことは確かだが、人間にさまざまな「無理」を強いてきたことも否定できない（たとえば液晶画面は眼の負担になり、視力を低下させる）。人間はいろいろなものを生み出して世界を変えてきたが、当の人間自身はそう大きく変わるものではない。

それはともかく、一部の哲学者や科学者が新しい考え方、たとえば量子力学から「関係主義」という考え方のヒントを得たという程度のものなら、認識の変容も局所的なものにとどまり、広がりを持たない。しかしそうではなしに、人間生活の土台をなす経済の、その大いなる統御者（the Controller）としてお札が日常生活の神のごとく人々のもとに臨在している現実は、人々の日常的意識のあり方を徐々に変えることを通じて、事物世界の巨大な変容をもたらしてきた。「変容」が直ちに「進歩」であるとは言えない。まずは**変容の現実を正視することが評価の前提**となる。大事なのは人々の日常生活であり日常的意識である。日常生活を踏まえぬ「思想」は空無である。思想は日常生活から芽生える。

Ⅲ　協働論の展開

1　協働論の主眼点

本書のお札論が、方法論としては協働論という考え方に基づいていることは「はじめに」でも述べた。といっても、「協働論」はすでに出来上がってものとして目の前にある方法でも理論枠組でもないのである。むしろ本書が、お札論の方法枠組として活用することを通じて、**協働論そのものをも理論体系として本格的に構築しようとする初めての企て**であると言ってよい。

お札を金《キン》のような価値物として取り扱うわけにはゆかず、かといって、形もなく目にも見えない「イデアールなもの」にアプローチすることなど思いもよらなかった——このことが、これまで真っ当なお札論がなかった第一の理由であろう。以下、協働論について要点を見ておきたい。

世の中には、複数の人々が一定の共同目的のために意思統一して自覚的に行なう**力合わせ**が多種多様な形で見られる。この力合わせは「**助け合い**」や「**協力**」「**共同**」「**協同**」といった言葉で言い表わすことができる。それだけで間に合うのなら、協働などという大仰な言葉を持ち出す必要はない。

しかし、複数の人々が共同目的も意思統一もなしに無自覚的な「力合わせ」を行なっていることも多々ある。お札の成り立ちはその代表例の一つである。あるいは、「はじめに」でも触れた災害時の物資救援や供給と需要の（売り手と買い手の）関係もそうだ。当人たちの行動は、意思統一とは逆に、てんでんバラバラなのである。それでも、多数者の行動が一つの集合力になると、被災者の救援や市場経済の営みといった大きな事がなし遂げられる。

これらはプラスの意味を持つ出来事と言えようが、逆のケースもある。歴史を振り返ると、個々人の行動はてんでんバラバラでありながら、集合力としてはマイナスの意味での大きな出来事を引き起こしてきたことも少なくない。災害時の大混乱、不況や恐慌、暴動などがわかりやすい例である。

プラスの意味であれマイナスの意味であれ、当人たちが無自覚的に引き起こした出来事についても「力合わせ」という言葉を用いるのは少々無理であろうから、あえて協働という非日常語を立てて、この語に包括的な語義を持たせようとしているわけである。それゆえ協働論の主眼点は、複数の人々が共同目的も意思統一もなしに**無自覚的に行なう協働にも目を向けること**、と言える。

(1) 廣松渉の協働論

協働概念の重要性をだれよりも称揚し、かつ多くの論述をなしている思想家は、少なくともわが国では廣松渉（1933—94）である。協働に論及した主な著作としては、『マルクス主義の成立過程』至誠堂、1968年（『廣松渉著作集』岩波書店、1996—97年、第八巻、所収）をはじめ、『世界の共同主観的存在構造』勁草書房、1972年（『著作集』第一巻、所収）、『物象化論の構図』岩波書店、1983年（『著作集』第十三巻、所収）、『存在と意味』第二巻、岩波書店、1993年（『著作集』第十六巻、所収）などがある。

ただ、廣松の協働論は諸著作に散らばっていて、全面展開も集成もされなかった。比較的まとまった考察がなされているのは『存在と意味』第二巻においてである。第二篇第一章で散発的に協働論に言及されたあと、第二章で一応の取りまとめが行なわれる。そこでは「協働」が⑴並行的協働、⑵拮抗《きっこう》的協働、⑶分業的協働の3類型に分けられている（378ページ以下。『存在と意味』第一巻・第二巻に限っては、著作集版もページ付けは同じ）。

手短に見ておくと、「**並行的協働**」というのは、「複数の行為主体が共通的目的を斉同的な行動様式で追求する協働」のこと。具体例としては、単純協業のほか斉唱、群舞、田植えなどが挙げられているが、むろん多数ある。「**拮抗的協働**」というのは、「複数の行為主体が同時相補型の共互的役割行動を営みつつ、各々の直接的目的行動が拮抗するにもかかわらず、高次的単一目的を共有する構制に成っていて、「応待的協働」と呼べる特種的綜合が形成される部類」である。具体例としては、格闘技や勝敗を競う競技やゲーム類など、やはりいろいろなものがある。そして「**分業的協働**」というのは、「複数の行為主体たちが統一的目的を達成すべく分掌的行動を遂行するもの」のこと。具体例としては、チーム・プレー、合唱、合奏、芝居など、やはり多数ある。文章は廣松流のとっつきにくさがあるが、文意は具体例から容易に察せられよう。

このような3類型論は、協働論を本格的に展開しつつ整理する際に一つの拠り所となるものである。とはいえ、着眼点としては次のような指摘がより重要であろう。すなわち、「尚、「協働」というとき、自覚的に目的を共有して営まれるものだけでなく、当人たちはそれと自覚していなくともフュア・ウンスに看取される即自的な協働をも視野に入れて論考する必要がある」(300ページ)。この指摘は上記「協働論の主眼点」と重なる。少し整備すれば、「複数の人々が共同目的も意思統一もなしに無自覚的に行なう協働」となる。

なお、フュア・ウンス(われわれにとって)という語句には、超越的な高みからの物言いを感じとって反発する向きも少なくなかったが、この語句を特別視することもなかろう。当人(当事主体)たちと「われわれ」(一部の哲学者、分析者)とは互いに別世界の住人なのではなく、当事主体も、少し沈潜して(胸に手を当てて)考えればフュア・ウンスの域に達することはできるのだから(高橋洋児「フュア・ウンスとは何か」『情況』1994年5月号、参照)。大事なのは、当人たちの無自覚的な協働、それと知らずして協働しているというあり方が大きな役割を果たしているという点である。

廣松が協働論の仕上げに全力を集中できなかったのは、協働論をもっと大きな理論枠組である役割行動論の一環として位置づけていて、その役割行動論のためにはほかにもあれこれの論点を整備する必要があったためと推察される。協働と役割行動との関係については、難解な文章のあと端的にこう言われる。「協働とは共互的役割行為によって編制されているものである」（382ページ）。これでもまだ難しいが、要するに、協働に関しては各人の役割に注目すべし、ということ。

（2）マルクスの協働論

廣松が「協働」を術語（テクニカル・ターム）として先駆的に用いた思想家として特に注目するのは、ドイツの**モーゼス・ヘス**である（『マルクス主義の成立過程』30ページ以下、著作集、第八巻、323ページ以下）。ヘス（1812―75）は、ヘーゲル没（1831年）後に三派に分かれたヘーゲル学派のうち、ヘーゲル左派（青年ヘーゲル派）に近いところで活躍し、ドイツにおけるやはり先駆的な社会主義者として若きマルクル（1818―83）にも多大な影響を与えたといわれる（廣松の同書のほか、たとえば山中隆次論文「ヘスとマルクス」、経済学史学会編『資本論の成立』岩波書店、1967年、所収、参照）。しかし遺憾ながら、ここで特段ヘスを取り上げねばならない理由はなさそうである。

ヘスは、オーギュスト・コルニュとヴォルフガング・メンケが編集したヘスの『哲学・社会主義論集』（*Philosophische und Sozialistische Schriften*,1961）でも「協働（ツザメンヴィルケンZusammenwirken）」概念を多用している。この論集はヘスの主要な論稿を集成した大冊だが、そこでの「協働」用語法はおおむね社会主義論・共産主義論視座に立つものである。ヘスによれば、そもそも「人間の本質」は協働にあり、人間は思考においても行動においても協働存在である。たとえば生産力も協働によって現実のものになる。しかし現存社会では協働が疎外されており、諸個人に対して外的な力として現われる。生産力であれば、その成果が自分たちのものにならないで、だれかほかの人のものになっている。それゆえ、協働を真に実現するためには、まずは労働者が協働して共産主義を目指さなければならない――。

人間本質論を起点に社会体制論にまで説き及ぶ壮大な構想ではあるが、「協働」の用語法それ自体は平板な「力合わせ」(共同や協同など)と違いはなく、地方自治体が唱える「官民協働のまちづくり」などと同程度の〝新味〟しかない。ヘスの他の著作も同様である。この場合に限ったことではないが、シニフィアン(表記)に惑わされることなくシニフィエ(表記内容、語義)を見極める必要があろう。

では**マルクス**はどうか。マルクスの場合は「協働」という語の使用頻度そのものが少ない。『ドイツ・イデオロギー』や『資本論』第一部第十一章「協業」などに散見される程度である。そしてその語義も、ヘス並の平凡なものだ。ところが、協働という語は用いていないが、考え方としてまさに協働論の神髄とも言うべき(「協働論の主眼点」と共通する)用語法をしていることがあるので、それを見ておきたい。

▼無知は力なり――世界貨幣、世界市場(グローバル市場)

世界貨幣の生成過程について概略次のように述べている(『経済学批判』[1859年]の第二章「貨幣または単純流通」3「貨幣」c「世界貨幣」)。われわれが展開したお札論は一国規模のものだが、ここには世界史大の貨幣論がある。

世界貨幣とは世界中どこでも通用する貨幣のこと。そのような役割を果たせるのは金銀しかない。金銀と引き換えにならら、あらゆる商品が譲渡される。各国の通貨も商品と交換されるが、通用範囲が限られている。これに対して世界貨幣の通用範囲は世界大である。

各国の国内生産力、たとえばイギリスの綿工業生産力が発展するにつれて、商品の流通圏が海外にも拡大し世界市場が形成されてゆく。これに伴って金銀の姿をとった交換価値が世界貨幣として現われるようになる。諸国民がみずからの全方位にわたる産業と交易を通じて、商品所有者として商品を貨幣に換える活動のなかで、金を最適の世界貨幣に改変してゆくのである。

それなのに当人たちには、産業と交易が金銀貨幣を世界市場から引き出すための手段にしか見えない。しかし世界貨幣は、もともとは商品所有者たち自身がみずからの活動を通じて商品流通の範囲を拡大した産物にほかならない。商品所有者たち自身が金銀を世界貨幣として現われさせるのである。

それだけではない。錬金術師たちが卑金属から金を造出しようとしているうちに、知らぬ間に化学が生まれてきたように、商品所有者たちが商品を金銀に換えようとしているうちに、知らぬ間に世界産業と世界商業が開花するのである――。

商品流通の範囲すなわち流通圏が世界各地に拡大してゆくと、その国・地域の生産のあり方をはじめ、人々の生活システム全般も多かれ少なかれ改変される。さまざまな物だけでなく、産業技術や物の見方・考え方、風習、疫病なども外部から持ち込まれる。全部ひっくるめて、マルクスが『経済学批判要綱』（1857―58年）で強調した「**資本の文明化作用**」の問題である。世界市場とは、今風にいえば**グローバル市場**のこと。**その形成動因と形成過程**が簡潔に明らかにされている。

商品所有者たちの主要な関心事は金銀を追求すること。商品所有者たちがより多くの金銀を獲得しようとして産業活動・商業活動をどんどん拡大するうちに、金銀が世界中どこでも通用する世界貨幣に生成してゆく。そして産業活動・商業活動も世界大のものに、世界産業・世界商業に生成してゆく。すなわち、世界市場が形成される。世界貨幣の生成と世界市場の形成とは同時並行的に進む。

当事者たち、ここでは商品所有者たちはみずからの活動を通じて世界貨幣を生み出したことを自覚していない。もちろん、商品所有者たちは世界貨幣を生み出そうという共同目的のために意思統一して世界貨幣を生み出したのではない。みんな自己利害に基づいて思い思いに行動するだけだ。

個々バラバラである。**世界貨幣は**そのような**無自覚的協働の産物**である（その点は、同じく世界史大の出来事でも、たとえば第二次世界大戦で連合国がドイツ軍や日本軍を打倒するという共同目的のために意思統一して自覚的に協働したのとは対照的である）。

自分たちがさまざまな活動連関を通じて生み出したものを、まるで自分たちにとっては外在的に独立自存するものであるかのように捉えることが「**物象化**」であり、さらにはこのような外在的なものを崇めるなどして有難がることが「**フェティシズム**（**物神崇拝**）」である。世界貨幣論においては金銀フェティシズムが絶大な役割を果たしてきたことが説かれている。

世界貨幣や世界産業・世界商業は商品所有者たちが意図して生み出したものではない。ただひたすら金銀を追い求めて産業活動・商業活動に没頭しているうちに「**知らぬ間に**」**生み出される**のである。一言でいえば、金銀フェティシズムを動機として世界貨幣および世界市場が生み出される。フランシス・ベーコンの言う「知は力なり」とは違って「無知は力なり」。当事者たちは自分たちのやっていることを知らずして世界史的な大事業をなし遂げるのである。

ただし、金銀貨幣の追求というのは古い話。今日では基軸通貨ドルに置き換えても世界市場（グローバル市場）の――今では形成メカニズムではなく――**拡大メカニズムは基本的に同じ**である。すでに詳しく見たように、ドルや円などの各国通貨はそれぞれの国民信用に支えられて通用力を持つ。国民自身が寄ってたかってお札の通用力を生み出しているのに、そのことを自覚していない点では世界貨幣の場合と同じである。右引用文の末尾段落に出てくる「知らぬ間に」という語句が目立たぬキー語句と言ってよい。この語句は、当事者たちが無自覚的に大きな事をなし遂げる、という含意を持つ。英語でもドイツ語でも「だれそれの背後で」という表記になるが、背中に眼はついていないので「知らぬ間に」という意味になるのだろう。

2　協働の4類型

協働は4つの類型に区分される。個々人の行動は無限に多様であるが、2人以上が物や人や事（人々の営み）に関わりあうとき、そのあり方は協働の4類型のいずれかに属する。世の中で大きなウェイトを占めているのは個々人の力よりも諸個人（複数ないし多数の人々）の協働力である。ナポレオンやヒトラーのように個人が大きな力を発揮するように見える場合も、それは実は諸個人の協働力である。特定の個人は協働力の核あるいは結節点（結び目）をなすにすぎない。人々の協働力がわずか4つに分類できるのである。

もちろん、ある特定の類型に他の類型が入り混じっていることも多い。しかしその場合でも、まずは類型区分を行ない、主要な役割を果たしている類型とそうではない類型とを選り分けることによって、人々が織り成す営みの全体像を、くっきりとした絵模様として描き出すことができるであろう。

（1）2つの分類指標

▼自覚的協働か無自覚的協働か

1つ目の分類指標は、①複数ないし特定多数の人々が一定の共同目的のために意思統一して**自覚的に行なう協働**と、②複数ないし不特定多数の人々が共同目的も意思統一もなしに**無自覚的に行なう協働**との区別である。

①は、作業現場での単純協業や祭りの御輿かつぎのような、ごくありふれた協働である。参加者全員が一定の共同目的のために意思統一して（心を一つにして、一致団結して）目的を達成しようとする。自覚的というのは、役割分担に応じてメンバー個々人に求められる責任意識・義務感のこと。後ほども触れる機会があると思うが、「**共同の（joint）目的**」は**共通の（common）目的**とは異なる。この使い分けは必要かつ重要である。災害時の部外者たちによる物資救援は、被災者のために何とか役立ちたいという目的は共通していても、多数の矢印が思い思いに目的を目指しているにとどまる。矢印相互間には意思統一も連携もなく、そこには「共同の」目的は形成されていない。

物資救援も救援の打ち切りも、すべて救援者の自己都合にゆだねられている。このため、せっかくの救援物資が被災者の役には立たないで廃棄されてしまうこともある。「被災者のために」という思いも救援者自身の勝手な思いでしかないからだ。

これに対し「共同の」という場合は、自衛隊員や警察・消防関係者が救援活動に従事する場合はもとより、企業組織でもサッカー・チームでも、メンバーたちが互いに誓約しあう関係にある。昔なら血判で、今でも勤務先に誓約書を提出するとか、さまざまな形のミーティングを行なうなどして「共同」意思の確認が行なわれている。ボランティアのように自己都合で行動する余地はない。

②は、協働の通念から外れるので、なかなか理解しにくいであろう。しかし本書は、この種の協働にこそ注目すべきだと強調している。この協働は、複数ないし不特定多数の人々が「行なう」というより、複数ないし不特定多数の人々によって**成り行き任せに「行なわれる」**というほうが正確である。行ないが自然発生的な性格をおびる。

言葉づかいに関して注記しておくと、共同目的も意思統一もなしに無自覚的に行なわれる協働は「**目に見えない**」。これを「**イデアールな**」と呼ぶ、という関連にある。

▼共時的協働か通時的協働か

分類指標の2つ目は、③**共時的協働**と④**通時的協働**との区別である。

共時的（synchronique）と通時的（diachronique）との区別は、もともと言語学の分野でスイスのフェルディナン・ド・ソシュール（1857―1913）が唱えたもの。時間軸上の一断面における言語の状態と、時間が経過するなかで変化してゆく相との違いを把握するための概念である。植物の茎の一断面と長く伸びる茎そのものとの違いにたとえられる。

もちろん、時間軸上の一断面、共時、同時といっても何らかの時間幅はある。協働が行なわれる際にも、シンクロナイズド・スウィミングのデュエットやチーム種目のように文字どおり同時に行なわれる場合もあれば、同じ時間帯に、同じ日に、同じ週に、同じ月に、同じ年に等々、時間幅は長短さまざまである。

一方、もっと長期にわたって、ケースによっては何世代も何世紀も継続して行なわれる協働もある。ローマ・カトリック教会その他の宗教組織に一代表例を見ることができる。日本の企業にも「創業元禄何年」というたぐいの老舗《しにせ》がいくつもある。これらの場合、教理であれ家訓であれ組織理念は長期にわたって代々受け継がれている。

共時的と通時的の境界線をどこに引くのか。時間の長短について確たる基準はない。金融分野では短期と長期の境目を1年とすることが多いから、これに倣ってもよい。時間幅についてはしかし込み入った議論をする必要はない。そのつどの事項に合わせた区切り方をすればよい。共時的と通時的とを区別する眼目は、通時的協働が果たしている大きな役割にも注目することによって、協働という語を偏狭な通念には思いもよらぬ広大な世界で羽ばたかせることだから、境目は大体のところでよい。以上2つの分類指標から、都合4つの組み合わせが得られる。

（2）協働の類型区分

第1類型：分類指標①と③の組み合わせ、すなわち複数ないし特定多数の人々が一定の共同目的のために意思統一して**自覚的に行なう共時的協働**。

第2類型：①と④の組み合わせ、すなわち複数ないし特定多数の人々が一定の共同目的のために意思統一して**自覚的に行なう通時的協働**。

助け合いや協力など、力合わせ（協働）の通念は第1類型に属する。ないしはたかだか第2類型の範囲内にある。共同や協同も同様である。

第3類型：②と③の組み合わせ、すなわち複数ないし不特定多数の人々によって共同目的も意思統一もなしに**無自覚的に行なわれる共時的協働**。

第4類型：②と④の組み合わせ、すなわち複数ないし不特定多数の人々によって共同目的も意思統一もなしに**無自覚的に行なわれる通時的協働**。

ただし要注意。およそ類型区分（タイプ分け）というものは、主要な特徴をくっきりと描き出すことを目的としている。たとえば「あの人はこういうタイプの人間だから」という場合も、その人はロボットではないのだから当該のタイプ一色に塗りつぶされる人間ではない。他のいろいろな面もあわせ持っている。

協働の類型区分についても同じことが言える。たとえば第1類型に第3類型が入り混じり、両者が併存することもある。御輿のかつぎ手たちは町内会などのメンバーとして御輿をかつぐが、祭りには見物人たちも必要で、両者が合わさって祝祭空間を創り出す。この場合、基軸をなすのは御輿かつぎで見物人は周辺をなすにとどまると解されるから、御輿かつぎは第1類型に属する協働として分類されるのである。あれこれの入り混じり・併存関係はあっても、分類指標がしっかりしていれば混同や混乱が生じることはない。

▼類型区分の役立て方

協働を推進しようとする際には、複数ないし特定多数の人々が「**一定の共同目的のために**」「**意思統一して**」「**自覚的に**」行なうというふうに**三要素に分解**して協働の語義をはっきりさせることが大切であろう。三要素がひとまずそろっている場合でも、みんなが足並をそろえる面(「意思統一して」)と各人の任務にゆだねられる面(「自覚的に」)とがある。三要素に分解した上で、どの要素がまだ十分には満たされていないかをチェックすること。

さらに、そのつどの達成目標ごとに所要時間・期間に長短差があること(共時的協働か通時的協働か)を明確にしておくこと。これらのことを前もって認識しておけば、**協働推進の戦略と戦術**を立てやすくなる。戦略とは全体目標を策定することであり、戦術とは三要素のそれぞれについて具体策および強化策を講じることである。

3　第1類型（自覚的・共時的）

(1) 第1類型の具体例

第1類型に属するものは、協業や御輿かつぎに限らず通念で容易に理解できる。他の例も挙げておけば、サッカーや野球などの各種スポーツ試合、博覧会やモーターショーなど各種の催し物、各種の会議・集会のたぐい、入学式・卒業式・冠婚葬祭などの式典、非日常的なものとしてはデモ行進、ストライキ、戦闘、テロ行為など。「一定の共同目的のために」「意思統一して」「自覚的に」という三要素がそろっていて共時的に行なわれる協働はすべて第1類型に属するから、具体例はほとんど無数にある。「共時的」を「通時的」に置き換えれば第2類型になる。

（2）第1類型の留意点

作業現場における協業は、第1類型に属する多種多様な事項に共通する要素をすべて含んでいる。協業には、メンバー全員が一斉に同一の作業を行なう単純な協業もあるが、各メンバーが少しずつ異なる作業を分担して行なう（分業に基づく）協業が普通であろう。留意点をいくつか挙げておく。

▼ヒト類の特質

留意点の①。複数ないし特定多数の人々が心を一つにして（一致団結して）共同作業を行なう際には、個々バラバラに作業している時に生み出す生産力の総計よりも大きな、ないし質的に新たな生産力を生み出すことができる。たとえば地曳網も、大勢だからこそ曳ける。「生産力」はなるべく広義に解したほうがよい。共同作業には、協業をモデルにしながらも、祭りの御輿かつぎ、スポーツの団体競技、反原発のデモ行進、国会での与党議員の全員賛成、野党議員の一斉退席などなど多様なものがあるからだ。それぞれごとに、より大きな、ないし質的に新たな力が発揮される。一般化するなら協働力である。

共同作業によって新たな生産力が生み出されるのは、複数ないし特定多数の人々が同じ作業現場で一緒に作業すると、「みんなで力を合わせよう」というヒト類に特有の能力が発揮されることによる。「類能力（ガットゥングスフェアメーゲン Gattungsvermögen）」という語は、マルクスも協業論で用いていた（『資本論』第一部第十一章）。

この能力は、ヒト類が自己を他者との相互依存的存在として捉える（独りで生きているのではないことを認識する）ことができるということだ。他の動物たちは、鳥や魚類や陸地の動物たちが群れて行動していても、親子以外はみんな他者である。相互依存的存在、平たくいえば仲間ではないから、隣の者が生死にかかわるような目にあおうと「助ける」ことはない。動物の親が子を「助ける」のは、「利己的遺伝子」によるのかどうかはともかく、相互依存的意識の表われとは別次元のものである。

▼力合わせびと

留意点の②。ヒト類に特有の能力に付随して、共同作業を行なう時にはメンバーたちが相互の競争心を刺激しあい、活力を高めあう。他の動物たちにも競争心はあるが、自己利害のために終始しており、競争相手のためにもなる何らかのより良いものを生み出す競争ではない。

ヒト類を「ホモ・サピエンス（知性びと）」「ホモ・ファーベル（道具作りびと）」などと呼んで知性・道具・意識・言語、さらには遊び（オランダの歴史学者ヨハン・ホイジンガの「ホモ・ルーデンス（遊びびと）」概念）等々による特徴づけが行なわれてきた。いずれも一面では当たっているが、一面でしかない。その程度の一面的規定でよければ、ラテン語でどう表記するのかはともかく、ヒトを相互依存的存在という意味での「協働人（力合わせびと）」として特徴づけることも可能であろう。

▼協働論と組織論との接合

留意点の③。人々が一定の共同目的を計画的に達成しようとするとき、人々は組織を形成している。アメリカの企業経営者であり経営学者でもあった**チェスター・バーナード**（１８８６―１９６１）の組織論『管理者の職務』（*The Functions of the Executive*,Harvard University Press,1938.『経営者の役割』山本安次郎ほか訳、ダイヤモンド社、１９６８年）を援用していえば、この組織は「**有形組織**（formal organization）」である。有形組織は、バーナードの論旨を生かしつつ少しアレンジすると、「一定の共同目的のために」「意思統一して」「自覚的に」という三要素がすべてそろっている場合に成り立つ。したがって、協働の４類型のうち第１類型および第２類型は有形組織にかかわる協働と言い換えることができる。

バーナードの組織論は同時に協働論でもあり、協働論としての組織論である。協働（cooperation）が一つのキーワードをなしている。英語のコウオペレーションはドイツ語のツザメンヴィルケンに対応する。語義範囲はコウオペレーションのほうがはるかに広いが。

協働論と組織論とが不可分一体である点で、バーナードの所論は協働論としても組織論としても一頭地を抜いている。バーナードと先に見たマルクスの世界貨幣論のような考え方とを接合することによって、いっそう豊かな可能性が開けてくるものと思われる。このような企てにバーナード研究者ないし経営学者が違和感を抱こうと、それは当の「事象そのもの（die Sache selbst）」にとってはどうでもよいことである。

さて、「有形組織」という語句は通常「公式組織」と訳されてきたが、formal は一定の共同目的を計画的に達成するための「形（form）のある」組織と解するのが適当であろう。バーナードの定義は「2人以上の人々が自覚的に調整する（coordinate）諸活動あるいは諸力の体系」だから、バーナード自身が挙げているわけではないが暴力団や麻薬密売組織、テロ組織などのいわゆる「反社会的勢力」もれっきとしたフォーマルな組織である。バーナードも「最低の、最も非道徳的な諸組織」（p. 283）には、道徳重視の観点から大きな関心を寄せていた。いずれにしても「公式」であるかどうかは無関係であろう。定形組織と訳してもよい。

一方、2人以上の人々の、共同目的も意思統一もない集団も組織を形成しており、これは「**無形組織**（informal organization）」と呼ばれる。バーナードもその特徴づけに「定形のない（shapeless）」という形容詞を用いている。無定形組織と訳してもよい。街頭での人だかりやバス・電車内の混雑、エレベータの乗り合わせ、暴徒など大小さまざまな具体例には事欠かない。

もともと、通念どおりの「公式」組織ではない他方の組織にも着眼したのは、**エルトン・メイヨー**（1880―1949）らの**人間関係論**であったとされ、また実務界においてもその重要性にうすうす気づかれてはいたが、いずれにしても視野が産業組織に限られていた（p. 121）。その適用範囲を人間行動・人間関係全般にまで拡大し、方法論としても無形組織を組織論に明確に組み込んだことで、人間界の全体を組織の体系として統一的に把握する基礎が築かれた。

われわれの本書では、バーナードの所論を少し発展させて無形組織にも協働の視点を持ち込もうとする。無自覚的協働の視点である。組織のあり方が二大別されることは協働のあり方が二大別されることでもあると考えるわけである。第3類型と第4類型がそれに当たる。「無自覚的な協働」という言い回しは、すでにお札論においても何度か用いた。お札は協働の第4類型に属するからである。バーナードの無形組織論については、すぐ後ほどやや詳しく見る。

▼オルガナイザーの役目

留意点の④。有形組織にはオルガナイザーが必要である。**オルガナイザーは「管理者」(組織の長)よりも大きい概念**である。といっても、組織の長とは別にオルガナイザーという役職を置くべしということではない。オルガナイザーとしての職務の大切さを言おうとしているだけのこと。管理者、たとえば会社の社長は、組織の長だからといって自社組織のことしか見ていないと社長は務まるまい。そういう社長は、社外のこと、外回りのことにも十分目配りできる真っ当な、オルガナイザーの名に値する社長と交替させる必要がある。組織の長としての適格性は、ローマ法王であれだれであれ、組織内外の双方に目配りできるかどうかで判定される。

有形組織の外回りのこととは無形組織のことにほかならない。オルガナイザーとしては、有形組織と無形組織の双方に目配りしつつ戦略と戦術を立てる必要がある。ある有形組織を取り巻いているものも多くはあれこれの有形組織であろうが、それらは全体としてはひとまとまりを成しているわけではなく、無形組織として性格づけられる。

企業の場合であれば、「市況（マーケット・コンディション）」がそうだ。その動向には自社も関与しているとはいえ、よほど巨大な独占企業でない限り、市況は自社の外部で形成される。そしてマーケットは、たとえ個々の市場参加者はそれぞれ有形組織から成っているとしても、全体としては無形組織である。そこに現在進行中の（さまざまな動きの結果としてデータに表われたものではない）市況を把握することの難しさがある。

観客や聴衆、顧客のような無形組織を「操作」の対象として組み込む必要があることも少なくない。もちろん、操作するにはしかるべきテクニックやノウハウも要する。それに第一、操作される側のメリットにもなる必要がある。このメリットは、ギブ・アンド・テイクのテイクに相当する。

たとえば小売業界などにおけるポイント・カード制なども、無形組織を操作の対象として組み込む一例である。街頭の雑踏と変わりはない流動的な消費者たちを有形組織化しようとする、仲間扱いするのである。そしてお買い得情報をキメ細かく伝える。固定客としてつなぎとめることが業者サイドにとってのテイクをなし、見返りにポイントをギブする。この種の方式は今ではどの業者もやっていることで、格別オルガナイザーの出番ではなくなっているが、無形組織に対する一つの戦術であることは確かである。

似たようなものに株主優待があるが、これはすでに有形組織（当該企業）の準メンバーと言ってよい株主たちが対象だから、とりたててオルガナイザーのことに言及するまでもない。普通の管理者の職務の範囲内にある。

つい先ほど、オルガナイザーは管理者よりも大きい概念であると述べた。有形組織の周囲を取り巻く無形組織、つまり明確な形もない人間集団こそが有形組織の命運を左右することを痛切に認識するには、しかるべき力量（視野の広さ、感知力など）が必要であり、それがオルガナイザーであるための第一要件をなす。

ビジネスであれ学校や政党の運営であれ、有形組織を取り巻く環境が厳しくなるほど、単なる管理者からオルガナイザーへの脱皮が強く要請されるようになる。オルガナイザーのいない組織は、それぞれの管理者がいても、やがて屋台が傾くか破綻する。

以上の留意点①〜④は、第1類型の協働全体に共通する。ただし第1類型だけの特徴ではなく、特に④のように有形組織全般に共通する特徴として第2類型にも該当するものもある。

しかし何といっても強調されるべきは**無形組織論の大切さ**であろう。有形組織は通常の、だれにでもわかる組織のことだから、ここで取り立てて論じる必要はない。だが、無形組織論は別である。無形組織それ自体は第3類型および第4類型の特徴である。それゆえ無形組織が基軸をなす事例は第3類型および第4類型に関する第5節および第6節で取り上げればよい。ここでは無形組織が有形組織の周辺部分をなすか副次的な役割を果たす場合に限られる。

ただしかし、言葉として持ち出す以上は、用語の定義および意義に関する一定の説明は必要であろう。この用語は、先にも少し触れたようにバーナードに由来する。

▼バーナードの無形組織論

①無形組織とは

無形組織なるものは、ほとんどの人にとってなじみのない語句であろう。「食べられない食べ物」のように自己矛盾していると思われる向きもあるだろうから、早めに誤解を解いておきたい。

無形組織についてはは上掲書『管理者の職務』第九章「無形組織、および無形組織の有形組織に対する関係」において詳述されている。わかりづらいところがあるかもしれないが、しばらくのご辛抱を。

第一節の書き出し――。「以下のことが一般に観察され経験されている。人々は、彼らの諸関係がいかなる有形組織の一部でもなく、有形組織によって統制されていないときでも、ひんぱんに接触し相互に作用しあっている。関与する人数は2人から多数の野次馬・群集に至るまでまちまちである。このような接触や相互作用の特徴は、接触や相互作用がいかなる特定の自覚的な共同目的もなしに生じたり、継続したり、反復されたりすることである」。

無形組織は有形組織とは異質だが、それでも組織である。その特徴づけが行なわれる。まずここでは「いかなる特定の自覚的な**共同**目的もなしに（without any specific conscious *joint* purpose)」という語句で示される（イタリックは原文のもの）。これを裏返せば、特定の自覚的な共同目的があるのが有形組織だということになる。

続き――。「その接触は、偶発的なことも、組織された活動に付随することもあろうし、何らかの個人的欲望や群れ本能から生じることもあろう。友好的なことも敵対的なこともあろう。しかし事の始まりが何であろうと、そのような接触、相互作用、群れという事実は、関与した諸個人の経験・知識・態度・感情を変化させる。たとえば群集の中にいることによって、われわれの感情は影響を受ける。……」

偶発的な事情によってであれ何であれ、無形組織の一分子となった個人は感情や行動などの面で影響を受け、大なり小なり変化することが強調される。有形組織、たとえば会社なり家庭なりに属している場合は日常的に強い影響を受けているであろうが、たまたま無形組織に属した場合も、日常的にではないにせよ何らかの影響を受けるというのである。バーナードが挙げているわけではないが、満員電車内で男がたまたま密着した女性に痴漢行為に及ぶというのは、わかりやすい一例であろう。容疑者は「つい出来ごころで」と弁明するかもしれないが、この出来ごころが「接触」や「相互作用」の産物なのである。

続きの考察がしばらく行なわれたあと、無形組織の定義が示される。「無形組織とは、右に述べてきたような人と人との接触や相互作用の集合体、および人々の結合した群れのこと。定義上、共同の（joint）目的は排除されているが、にもかかわらず、重要な性格を持つ共通の（common）諸結果がそのような組織から生じるのである」。「無形組織は輪郭不明瞭で、というよりもむしろ構造がなく（structureless）、明確な下部組織を持たない。密度が千差万別の、定形のない（shapeless）集団と見なしてよい」。

②無形組織と有形組織との関係

以下、無形組織と有形組織との異同、両者の関係が説明される。「無形組織もあれこれの社会過程［人々の行為連関］から成っているが、その過程が有形組織では［当事者たちに］自覚されているのに対し無形組織の場合は無自覚的である」。

無形組織と有形組織との関係については、「どんな場合にも、有形組織に関係する無形組織がある」という基本認識を踏まえて、「無形組織が有形組織の発生条件をなす」とされる。同じ趣旨から、バーナードは「協働の有形システムの重要かつしばしば不可欠な部分が無形のものであることは、長期にわたる綿密な観察によらなければ認識されない」としている。文意は、**有形組織も無形組織なしには成り立たない場合が多い**ということ。具体例については後ほど触れる機会があろう。

とはいえ、無形組織を過大視しているわけではない。「しかしながら、われわれの目的にとって重要な事柄は、無形組織がある程度の有形組織をどうしても必要とし、おそらく有形組織が出現しなければ存続も拡大もできないということである」という視点を堅持している。

バーナードの著書は、書名からも明らかなように、管理者（組織の長）が明確に存在していて大きな役割を果たす有形組織の考察を主題としている。しかし手短に見てきたように、無形組織にも並々ならぬ関心を寄せている。そのことが有形組織論にも広がりと奥行きと深みを与えている。

一点留意を要するのは、『管理者の職務』の発行年が1938年で、今日いうところの「情報化時代」よりもずっと前のものだということ。テレビもまだ発明されていない。無形組織に属する人々が「接触」し「相互作用」を及ぼしあうと言われる場合も、その人々が同一空間に身を置いてその場の雰囲気を肌身で感じうることが前提されている。遠方のことどもをあれこれの情報通信手段を通じて知ることで何らかの影響を受ける、ということまでは想定されていない。接触も相互作用もすべて直接にその場で行なわれる。

バーナード自身はニュージャージー・ベル電話会社の社長を長年務めた人で、この本も社長時代に行なわれた連続講演がもとになっている。だが、当時の電話では通信能力も限られていたであろう。当人も「手動式電話交換台（a manual telephone switchboard）」（p. 49）について簡単に触れている程度である。それゆえ、バーナードの無形組織論を今日においてもそっくりそのまま継承するのは問題あり、であろう。バーナードの所論が間違っているからではなく、せっかくの着眼ゆえ適用範囲をもっと拡張しないともったいないからである。

先にも少し触れたが、大災害時には全国各地から、時には諸外国からも物資救援が行なわれる。しかし救援者たちは無形組織を構成するにとどまる。では、どのようにして無形組織が形成されるのか。救援者が自分も何か力になりたいと思ったのは、テレビなどの報道で、あるいは私的な各種電話やインターネットなどを通じて被災地の実情を知ったからであろう。そのような人たちが大勢いれば、互いに空間的に隔たった所に居住していても、第三者の眼で見れば（廣松風にいえばフュア・ウンスには）無形組織が形成される。このように、**情報通信手段の発達も織り込んで無形組織の概念を拡張する必要**があるというのがここでの趣旨である。

4　第2類型（自覚的・通時的）

（1）長期継続的協働

この類型に属するのは何年とか何十年とか、場合によっては何百年にもわたって長期継続的に行なわれる協働である。協働を行なう組織と協働が行なわれた所産の両面から見ておこう。

▼協働組織

協働組織としては、省庁、地方自治体、議会・国会、政党、学校、病院、軍隊、警察、労働組合、協同組合、家庭、会社（企業）をはじめとする各種の法人、野球・サッカーなどのスポーツチーム、お茶・お花・日本舞踊・歌舞伎・能・劇団・楽団などもろもろの団体、同窓会、各種の後援会・サークル等々、ほとんど無数にある。国連をはじめ○○協定や○○条約に基づく国際機関・組織も多数ある。うるさいことを言い出せば、「法人」と「団体」はどう違うのか、ということにもなりかねないが、ここでは両者とも全部含まれる。
どの組織に関しても、政党論・企業論・学校論のように分野ごとの考察（研究や評論、内部討議、反省など）は行なわれている。しかし、改めて「協働」組織として明確化し、**有形組織に必要な三要素**（「一定の共同目的のために」「意思統一して」「自覚的に」）**の充足度を点検**することによって、**組織運営上の問題点の所在**が明らかになり、それぞれの**組織のより望ましいあり方**を方向づけることができるであろう。

三要素のうち、問題が起きやすいのはメンバー個々人の自覚にゆだねられる部分である。政党であれば執行部と陣笠連、企業であれば上司と部下、学校であれば教職員と生徒という具合にひとまず大別されるであろうが、これら「上・下」のうち、とりわけ「下」の層において不平不満などが発生しやすい。すると当然、組織運営に支障をきたす。

もし「一定の共同目的のために」「意思統一して」「自覚的に」の三要素がいずれも十分満たされているのに組織運営の成果が思わしくないとすれば、ホンモノのオルガナイザーの不在のせいであろう。オルガナイザーは、先に「オルガナイザーの役目」項でも触れたように、自分の有形組織のことだけでなく当の有形組織の外部、端的には無形組織にも絶えず目配りすることを求められる。これがなかなか難しい。有形組織と無形組織との連関をトータルして把握すること、場合によっては無形組織対策を優先すること、特にこれが単なる管理者以上の力量を求められる点である。

世の中に無数にある有形組織を、無形組織への依存度（命運左右度）を基準にグループ分けして、自分たちの有形組織がどのグループに属するのかをはっきりさせるだけでも、組織運営の成果を高めるのに役立つであろう。重点の置きどころは内か外か、内に専念していればよいのか、外があっての内なのか、そのあたりが明確になるからである。

▼組織の移り変わり

さて、通時的な有形組織においては、年数を経るなかで共同目的の中身が小幅な変更を余儀なくされることはある。しかし**組織理念**（そもそも何のための組織なのかという組織結成の原点）までもが変更されることはないと考えられる。もし組織理念そのものまでもが変更されることがあるとすれば、その時は、たとえ組織の名称は従来どおりでもまったく別の組織が新発足したことになる。そうではなしに共同目的の変更が小幅なものにとどまる限り、変更されてもそのつど一定の共同目的がその時のメンバーたちによって共有される。

たとえば政権が自民党から民主党へ、再び自民党へというふうに交替すると共同目的（政策の基本方針）が一変することもあるが、そのつどの政権与党・野党の内部ではそれぞれ一定の共同目的が共有される。それだけでなく、どの政党が政権を担当しようと、日本の場合であれば日本国憲法に謳《うた》われているような国家理念に則って国益を守る、国民生活の向上に努めるという基本目的は長期継続的に維持される。この基本目的は、スポーツ試合で敵・味方間に共有される「高次目的」（廣松）と同じと見なすこともできる。

では、政党が分裂や離合集散を繰り返すことをどう見るのか。一定の共同目的が失われたために意思統一もできなくなった、したがってメンバー個々人が自分の任務を自覚して協働することもできなくなったということだ。有形組織に必要な三要素とも欠落している。この場合は、「政権奪還」であれ、「脱原発」「消費増税」「日米同盟の強化」「憲法改正」であれ、結集軸となる一定の共同目的を、すなわち有権者に訴えるに足る政治理念を確立することが先決である。そのことを深く真剣に考えることなしに当座の数集めという思惑だけで動いても、遠からずまた分裂するだろう。有権者のことをすっかり忘れているわけだから、そういう政党はなくてよいということだ。

企業や学校など、他の長期継続的な協働組織についてはどう考えればよいのか。同じく長期継続的協働組織として共通する面と、それぞれなりの個別的な面とがあるが、ここでは立ち入ることはできない。

いずれにしても、第2類型においては、メンバーが途中で交替し出入りがあっても、有形組織は組織理念を維持する限り協働システムとして長期継続的に維持される。

▼協働の所産

協働の所産の側から見ると、議会・国会で制定される**成文法**を筆頭に、党大会や株主総会などにおける機関決定（決議）だけでなく、各種組織の**社是・校訓・モットー**のたぐい、特定の共同体や家庭で遵守される**掟・習俗・慣習・伝統・しきたり・儀礼・作法**のような**不文律**など多様なものがある。いずれも、それぞれなりに組織運営上大きな役割を果たしている。**ブランドやのれん**のような無体財産も、当該企業や商店が長年にわたって代々築き上げてきた協働の所産である。この場合は経済上の価値があるから協働価値ということになる。

ブランドやのれんとして商標登録されていなくても、定評のある特定産地の農産物や魚介類ないしそれらの加工品、工芸品などは数多くある。この場合もやはり生産者たちが明確な長期継続的協働の視点に立つことが大切であろう。過去の苦心と努力も踏まえながら、「一定の共同目的のために」（地域の特産品を振興し他地域の消費者たちも獲得するために）「意思統一して」（研究開発も含めて互いに協力し知恵を出しあいながら）「自覚的に」（自分の役割を精いっぱい）遂行する。

地域協働体の場合は、企業組織と違って販売やPRなどのソフト面に課題を残していることが多いので、その点は特に留意すべきであろう。要は、**外部の無形組織を有形組織化して取り込むための工夫**である。

景観についても少し言葉を費やしておきたい。1990年代の末頃から東京都国立市で「景観」論争が持ち上がり、国立マンション訴訟も起こされた。曲折を経た末に2006年3月、マンション建設は「周辺住民の景観利益を違法に侵害する行為には当たらない」とする最高裁判決が下された。この判決はもっぱら法解釈に基づくもので、「景観利益」の内容分析を欠いていたように思われる。

これに先立つ2002年12月の第一審東京地裁判決は、「ある地域の住民らが相互理解と結束のもとに一定の自己規制を長期間続けた結果、独特の都市景観が形成され、広く一般社会からも良好な景観と認められて付加価値が生まれた場合には、地権者に法的な景観利益が発生する」「特定地域で独特の街並みが形成された場合、その景観利益は法的保護の対象になる」とした。協働論の言葉に翻訳すると、有形組織としての地域住民による長期継続的協働が協働価値を生むことを説いた、まことに立派な判決であった。ここでは法律論以前に経済論が必要なのである（高橋洋児「協働価値としての景観価値」『書斎の窓』有斐閣、2003年6月号、参照）。

景観価値の場合は、「高級住宅地」「一等地」とは違って、無形組織としての部外者が果たす役割（話題にしたり噂したりすること）は副次的で、あくまでも当事者たちの有形組織が主役である。

（2）共時的協働と通時的協働との内的連関——オリンピックの場合

第1類型と第2類型との**内的連関**、**密接な連関を明確化**しておく必要がある。第2類型は第1類型の繰り返し・連続体として成り立つ。第1類型のほうも、第2類型のほうから伝統やノウハウなどを受け継ぐ。スポーツ分野からわかりやすい例を挙げると、オリンピック大会と国際オリンピック委員会（ＩＯＣ）との内的連関。

▼だれが有形組織のメンバーか

オリンピックの会期そのものは夏季大会も冬季大会も短期である。大会ごとの組織委員会が各種競技団体などの有形組織をオルガナイズする。それだけでなく、観客や世界中のテレビ視聴者などから成る無形組織にも目配りし、さまざまな配慮をする。ここではオルガナイザーは個人ではなく組織が務めるが、どちらにしてもオルガナイザーの役目は重要である。組織委員会は共時的協働をになう有形組織であり、その通時的連続体としてIOCという有形組織が維持されているが、むろん有形組織だけでオリンピックというイベントが成り立つわけではない。

オリンピック大会では、各国の競技者や大会運営に直接たずさわる人たち（役員や通訳・ガイドなど）だけが有形組織のメンバーなのではない。スポンサー企業や、選手村で食事・宿泊などの業務を委託された各種業者たちも、たとえ営利や宣伝が目的であれ裏方として大会を支えている。もしその業者たちが離脱すれば大会運営に支障をきたす限りでは、彼らも応分の責任と義務を負う有形組織メンバーと見なしてよい。競技者や役員らの大会関係者と各業者たちは、それぞれ別個の有形組織を形成しながら全体としてもゆるやかな有形組織を形成し、第1類型の共時的協働を行なう。

▼勝ち負けも協働の一形式である

競技者たちは互いに勝ち負けを競いあうから協働とは無縁の、むしろ正反対のことをしているように見える。しかしそうではない。結果として勝者あるいは敗者になろうと、競技者がいなければ大会そのものが成り立たない。参加する（take part）こと自体が一定の part を受け持つことであり、それだけで、勝ち負けを問わず有形組織の正規メンバーなのである。

　このような勝ち負け競争はスポーツ大会に限らず他の有形組織においても、ごく一般的に行なわれている。会社組織でも官僚組織でも、フェアな競争どころか根深い確執や陰湿な暗闘を伴う出世競争すら珍しくない。人事異動には「栄転」や「左遷」も含まれる。政党組織になると、もっと露骨な権力闘争（主導権争い）が繰り広げられる。しかしそれでも、組織の一員であることを前提とした内輪もめである以上、有形組織内のさざ波である。

　蛇足ながら、敵対的要素を含む「協働」の概念は、多くの日本人の言語感覚にはなじまないかもしれない。スポーツは特別だ、と思っている人も多いだろう。そのことが社会と歴史を見る眼を曇らせる一因となっているように思われる。平和を愛好し希求する民族であることは称賛すべき特質ではある。しかし相次ぐ戦争に明け暮れてきたヨーロッパの諸民族にとっては、社会と歴史の現実は絶えざる敵対や闘争と不可分のものとして了解されている。個人間ではあくまでも信義を大切にしなければならないが、**外交や国際関係においては敵対的な協働など当たり前**のことなのである。その点、**世界の諸民族をさしあたりヨーロッパ型と日本型とに大別できる**かもしれない。日中関係とか日韓関係、日米関係などなどにおいても、相手国の違いに応じて外交スタイルも違ってきてしかるべきであろう。

▼有形組織と無形組織との内的連関

第1類型と同じく第2類型においても、基軸となる有形組織を、オリンピックなら観客や報道関係者、世界各国のテレビ視聴者などから成る無形組織が取り巻いている。わざわざ入場券を買って競技場に足を運ぶ観客は有形組織のメンバーに加えてもよさそうに見えるが、そうはゆかない。彼らは大会運営に何の責任も義務も負っていない。都合により離脱するのは自由であり、離脱しても大会運営には何も支障をきたさない。テレビ視聴者の自由度は観客よりもっと大きい。リモコン操作で簡単に他のチャンネルに切り替えられる。観客もテレビ視聴者も全員が離脱すればどうなるのか、といった疑問は愚問。非現実的だから無視してよい。そういう状況のもとではそもそもオリンピック大会そのものが開催されていない。

報道関係者は報道機関（テレビ局、新聞社、通信社など）という有形組織のメンバーであるが、オリンピックの場合であれば有形組織メンバーのうちには入らない。観客と同様、大会運営には何の責任も義務も負わないからである。ただし、テレビ放映権を獲得したテレビ局は別かもしれない。それ以外の報道機関は「報道の自由」があり、虚偽でない限り好き勝手な報道が許されている。たとえ大会そのものがテロ事件（1972年ミュンヘン大会）やボイコット事件（80年モスクワ大会、84年ロサンゼルス大会）などによって混乱し不成功裡に終わったとしても、何も困ることはない。それはそれで恰好《かっこう》の報道ネタになる。

第2類型において有形組織が無形組織を不可欠の存在条件としている場合は、有形組織を基軸としつつ無形組織を周辺に配置した複合体が長期的に繰り返し形成され、オリンピックであれば「オリンピックの歴史」が紡がれてゆく。4年に一度というのは間隔が長すぎるようにもみえるが、その合間に各種の競技大会が開催されているから選手たちにとっても何ら支障はないであろう。1年なり2年なりの間隔で大会が開催される組織も数多くあるが。企業や商店の場合は断続的にではなく継続的に無形組織（顧客）を確保できないと困る。

無形組織の占めるウェイトあるいは無形組織に対する依存度の大きさに比例して、無形組織を有形組織の思いどおりにコントロールすることが組織運営上のポイントになる。「盛り上がる」とか「拍手喝さい」「フィーバー」という雰囲気になれば有形組織の思うツボである。そのためには演出や宣伝工作など入念な事前準備が大事になる。

無形組織は字義どおり無形で、だれも責任や義務を負わない、いい加減な組織である。むろんオルガナイザーはもとより管理者もいない。だが、大きな力を発揮しうる。**時には有形組織の命運をも情況全体の行方をも左右する。**組織論の不可欠な部分として取り扱う必要があるのは、そのためだ。

（3）無形組織から有形組織へ

先に見たように、バーナードは「無形組織が有形組織の発生条件をなす」という命題を立てた。どんなに長い歴史と大きな勢力を誇る有形組織も、**元来は無形組織から出発**している。この命題は、社会と歴史における大小さまざまな有形組織を考察する際にも、また自分たちの手で有形組織を新たに形成しようとする際にも肝に銘じておくべき心得である。

▼並はずれた例

有形組織が形成されるに先立って必ず人々は何らかの「接触」をし「相互作用」を及ぼしあう、というミクロ・レベルの出来事に注目する必要がある。これは偶然の出会い（接触）が、さまざまな影響を及ぼしあう相互作用を経て共同意志の形成にまで進展するたぐいのことを指している。人々はそれぞれ生まれも育ちも考え方も、そして個性（持ち味）も違っている。それらもろもろの要素が融合して好ましい化学反応を起こすことが期待されるのである。

当人たちが意気投合してベンチャー企業を設立する、革命党派を結成する、などが見やすい並はずれた例である。もっとも、起業は今日では珍しくなくなった。それは「企業家精神」の旺盛な人が多数現われるようになったというよりも、ベンチャー・キャピタルが多数登場するようになったという金融事情、端的にはカネ余り現象のしからしめるところであろう。それはさておき、もし当人たちの志どおりに事が運べば、ミクロ・レベルの企てがやがてマクロ・レベルで花開くであろう。わが国のあれこれの世界的大企業やいくつかの国における政権党にも、さかのぼればこのような来歴を辿ってきたものは少なくない。東京通信工業（現ソニー）の井深大と盛田昭夫との、キューバのフィデル・カストロとアルゼンチン出身のエルネスト・ゲヴァラとの出会いなどは、語り継がれてきた有名な例である。そんな昔にさかのぼらなくても、同様のプロセスを経た有形組織は、ちょっと小粒のものも含めれば現にあれこれ形成されている。高校や大学で生徒・学生の幾人かが意気投合してサークルや同好会を結成するというのも、構図はまったく同じである。

偶然の出会いの大切さ、とも言える。各界の〝成功者〟たちは必ずといってよいほど、偶然の出会いに恵まれたことを感謝する。ある意味では当然のことだ。人の一生において、出会いは多くの場合、偶然のものであろう。親兄弟や祖父母らの家族以外とは、そもそも何らかの偶然から接触が始まる。小学校で同級生になった、等々。そして偶然から始まった出会いも、交流が長年続けば根が生えて、必然としての性格をおびるようになる。偶然と必然は二項対立の関係にあるのではない。バーナードを真似て言えば「偶然が必然の発生条件をなす」。**偶然の出会いが相互作用を経て共同意志の形成にまで進展するかどうかが**、新たな有形組織の形成の成否を左右する。そのための潜在的可能性はだれの身の周りにもごろごろころがっている。共同意志の形成。これが運命の分かれ目をなす。

事がミクロ・レベルからではなくマクロ・レベルから始まるケースもある。自然発生的な反政府デモが始まった。この群集は無形組織である。しかしその中でミクロ・レベルの接触や相互作用が重ねられて、少なくとも「一定の共同目的」が結晶してくれば、やがてマクロ・レベルで有形組織としての革命評議会の結成にまで進展し、これが政権交代の受け皿となる——。しかし無形組織から有形組織へという基本構図は、ミクロ・レベルから事が始まる場合と同じである。

▼平凡な例

ニッポンの平凡な現実に目を転じると、サラリーマンは、たとえばA企業の社員、B家庭の夫・父親、C・D高校・大学の同窓生、E・F・Gら友人知人親戚の結婚式や葬儀の参列者……という具合に、あれこれの有形組織のメンバーである。サラリーマン以外の職業人たちも似たようなもの。学校の生徒なら、家庭と学校がおもな有形組織であろう。*

*ただし、学習塾は有形組織ではない。受験テクニックを身に付けるという共通目的はあっても、協働して達成すべき「一定の共同目的」はなく、したがって目的達成に向けた「意思統一」もなく、個々人が組織の一員として自分の遂行すべき任務や役割を「自覚」することもないからである。講師と個々の塾生がそれぞれ線でつながっているだけで面としての広がりを持たない、とも言える。もし面としての広がりを持つような運営をすると、塾生たちが互いに他の塾生たちの答えや考えを聞かされることになり、学校と同じく無駄なことと認識されるであろう。塾生たちが「自己を他者との相互依存的存在として捉えることがない」点で

は、鳥や魚類の群れと変わりはない。それゆえ、塾は有形組織のメンバーとしてトレーニングを積む場にはならない。その点、部活組織はれっきとした有形組織だから、学校時代から良き鍛錬の場となる。

通常は何らかの有形組織のメンバーであることが生活全体のメイン部分をなしており、無形組織に属することは、ある有形組織と他の有形組織とのつなぎ部分をなすにすぎない。とはいえ、つなぎ部分、たとえば電車やバスの一乗客、駅構内や街頭での雑踏の一分子、コンビニや居酒屋の客など、無形組織に属する部分が有形組織のメンバーであることをサポートしている。**生活全体を有形組織と無形組織のモザイクとして、組織の体系として統一的に把握**することができる。

普通の人は「無形組織が有形組織の発生条件をなす」構図とは無縁のように見えるが、そうではない。ベンチャー企業の立ち上げや革命党派・評議会の結成などの例はここで勝手に挙げたまでのこと。バーナードの真意はもっと地味である。有形組織のメンバーとて、いつも正規メンバーとして協働しているわけではない。同じ職場の人と出勤時にエレベータに乗り合わせる、昼食時にどこかで出くわす、廊下ですれ違う、部下たちが赤提灯で上司をこき下ろす、など。だが、「無形の結合が必ず有形組織に先立つ一条件であることは明らかである。共同目的を受け入れること、意思疎通を行なうこと、そして協働しようと意欲する精神状態に達すること、これらを可能にするためには事前の接触と予備的な相互関係が必要である」。

組織は人間たちから、とりわけ有形組織はコミュニケートする人間たちから成り立っていることとを踏まえた指摘である。無形部分のすべてが大事なのではないが、「事前の接触と予備的な相互関係」は「事前の」コミュニケーション、「予備的な」コミュニケーションという意味を持つ点で、有形組織にとって必要不可欠の役割を果たしている。この無形部分は、ないよりあったほうがスムーズで効率的な組織運営を可能にするであろう。本番に先立って行なわれる準備体操やウォーミングアップに相当する。その意味では、有形組織の無形部分は無駄な部分ではない。

5　第3類型（無自覚的・共時的）

以上の2類型とは違って、**無形組織が基軸となる以下の2類型**は協働の通念とは相容れないファクターを多々含むので、少し詳しい説明を要する。これまた具体例は数多くあるが、平易な例を挙げてみよう。

（1）記念ボールに高値が付く理由

▼労働価値論による説明

アメリカのプロ野球メジャー・リーグで、通算ホームラン数や年間安打数などの新記録が達成されたとしよう。記録を達成した時の記念ボールは、もし売りに出されれば驚くほどの高値が付くこともある。

実際、2007年にサンフランシスコ・ジャイアンツのバリー・ボンズ外野手が756号の大リーグ通算本塁打記録を達成した時、記念ボールがオークションにかけられて75万2467ドル（当時の為替レート［1ドル＝約115円］で約8650万円）で落札された（日本経済新聞、2007年9月17日付）。1ドル＝80円ほどの円高レートでも6000万円くらいはする。

この高値の内実は何であろうか。高値の内実はもちろん労働価値論や、これを一形態として含む実在論では説明できない。実在論（realism,Realismus）にも各種あるが、ここでは、価格すなわちマネー額とは別に人間の意識や観念には一切左右されない「本当の（real）」価値があるとする立場のこと。価格は売り手・買い手のさまざまな思惑（意識や観念）に左右される浮動的なもので当てにならないが、労働量は人と物との関係によって物理量として確実に決まってくるもので信用できる――という素朴な価値観が根底にある。

しかし当面の問題場面では、実在論としての労働価値論に基づいて「価値」を云々しても無意味である。ボールが労働生産物であることは確かで、また一定の労働量を含んでいることも確かだが、問題は高値の内実を説明することである。**「本当の」ものを信じても、筋の通った説明ができなければ宗教にしかならない**。

この記念ボールは、新記録の達成とは無関係な普通のボールと、労働価値論的・実在論的には何の違いもない。普通のボールよりも多くの労働量を含んでいるから高いのではない。素朴な実在論に立っている限り両者の違いは説明できない。労働価値論については第Ⅱ章で詳しく検討した。

では、「その商品の価値は稀少性のみによって決定される」とか「人間の勤労によってその量を増やすことができない」などの理由で、労働価値論者が正規の考察対象から外した諸品目――「珍しい彫像や絵画、貴重書、古銭、広さがきわめて限られている特殊な土壌で栽培されたブドウからしか醸造できない特別な品質のブドウ酒」（デイヴィド・リカード『経済学および課税の原理』羽鳥卓也・吉澤芳樹訳、岩波文庫、上巻、第一章「価値について」）――のように「稀少性」を持ち出せば説明できるのか。

▼「稀少性」による説明

稀少性（scarcity）論が言おうとしているのは、①**役立つのに**、②**数量に限りがある**（**珍しい**）**から**、③**高値が付く**ということであろう。実質上は、すぐ後ほど見る需給関係論と似たり寄ったりである。しかし稀少性を持ち出すだけでは説明にならない。

第一、記念ボールはオークションにかけられた時点ではすでにボールとしては御役御免で、もはやボールとして使用されることはないから①の要件を欠く。もはや本来の役立ちを持たない物の稀少性を云々するのは「稀少性」という言葉を愚弄するものであろう。そもそも過去の役立ちの価値を説明するのは、いかなる経済学者にも無理だ。骨董品のように物としては古びていても、評価されるのは現在の価値である。では記念ボールについて現在の役立ちに基づく価値を説明することはできるか。できると思う人は、やってみればよい。あわせて、破格の高値の内実も説明する必要がある。

リカードの生没年は1772―1823年で、しかもイギリスの経済学者だから、もちろん野球のボールのことなど知る由もなかったが、上記諸品目に関して稀少性を持ち出したのは、労働価値論では説明できないと投げ出して、単に労働が抜けた穴を埋めるためだけである。だから稀少性という言葉で絵画もブドウ酒も一緒くたにされる。同じく高値でも高値の内実は別々だから別々の根拠づけを要する。絵画については第4類型の例として取り上げる。ブドウ酒については、すぐ後ほど「経済学説の限界」項で述べる。

▼人々のワイワイガヤガヤに高値が付く

記念ボールの高値の内実を説明するのは簡単なことだ。不特定多数の人々が寄ってたかってそのボールを**特別視するから高値が付く**。それだけのことだ。人々が新記録をめぐって思い思いに好き勝手にワイワイガヤガヤ騒ぎ立て話題にすることが、意図せずして（共同目的も意思統一もなしに無自覚的に）当のボールを協働して持ち上げていることになり、このような**協働の所産として高値**が生み出されるのである。記念ボール1個が70数万ドルというのは、まさに協働価値にほかならない。

この場合、大騒ぎの火付け役となるマスメディアの存在も無視できない。テレビ局、新聞社などのマスメディアは有形組織である。一方、野球ファンは無形組織を構成している。それゆえ、記念ボールの**高値は有形組織と無形組織の合作**である。ただし、政治がらみの出来事とは違って新記録の達成は平明単純な事実だから、一般大衆がマスメディアに操作される余地はない。ここでは無形組織が主役を演じる。

複数ないし特定多数の、または不特定多数の人々が特定の物または人または事を「持ち上げる」。この点は、どの協働類型にも共通する不可欠の要件をなす。祭りの御輿かつぎや勝利の胴上げは文字どおり物理的に持ち上げる形をとるが、会議や式典を催す、同じ言葉を話す、中央銀行券を通貨として用いる、反原発デモに参加する、神を崇めるなどのように、人々が持ち上げるというより「支えあう」という言い方のほうがふさわしいケースも多い。いずれも協働であることに変わりはない。

▼高値だからこそ買う

記念ボールの場合、不特定多数の人々が高値を形成しようとする共同目的も意思統一もなしに、人々の数だけ多方面から好き勝手に話題にすることで、結果として高値の形成に貢献する。「貢献(contribution)」という語はバーナードから借用している。貢献といっても、無形組織論の文脈では分析的に見た場合の話で、貢献者（当事者）たちにその自覚はない。また貢献度を数値で示すこともできないし、貢献に対する報酬もない。しかし人々は高値の形成という大きな事を協働して成し遂げる。この理屈は、社会大ひいては歴史大のスケールにおけるさまざまな出来事や事業にも共通する。

記念ボールについて右に見たことは高値形成の一面であって、もう一つの面がある。記念ボールを高値で買う者がいなければ現実に高値は形成されない。では、買い手はなぜ高値でも、大枚をはたいてでもそのボールを買うのか。

物としてのボール自体に大枚をはたくのではない。当のボールに対する大勢の人々の特別視（ワイワイガヤガヤ）に大枚をはたくのである。労働生産物としてのボール自体は1個数ドルも出せば買える。数十万ドルという金額の大半は、物の形をとって現存しているレアールなボール自体の価値ではなく、ボールをめぐって沸き立つ大勢の人々の評価・称賛・熱狂・興奮といった、物の形をとらないイデアールなものから成っている。レアールなものは物の姿や形が目に見えるが、**イデアールなもの**は中空を飛び交う人々の歓声や熱気だから目には見えない。記念ボールの場合は、**姿や形が目に見えないものが主要な役割を演じる**のである。

記念ボールの買い手はこの評価・称賛・熱狂・興奮を独り占めにし、大満足する。記念ボールを手にすることは世間を我が手にすることである。見ようによっては、けっして高い買い物ではない。買い手は「高値でも（高値であるにもかかわらず）」買うのではなく、「高値だからこそ（高値であるがゆえに）」買うのである。高いほど世間の注目度は大きく、したがって買い手の満足度も大きい。

記念ボールに大騒ぎする人たちは二度にわたって無償の貢献をしていることになる。一度目は高値の形成に、二度目は買い手に対する注目で――。要するに、**一般の人たち（無形組織）が終始、**

主役を演じるのである。

(2) 経済学説の限界

▼「本当の」価値?

労働価値論については検討済みであるが、他の学説と一括して見ておく必要もあるので、ここでも手短に触れる。記念ボールと普通のボールとは「価値」の大きさは同じだが「価格」が違うだけだ、などという強弁は無効である。価値と価格を区別する捉え方はマルクスも含む伝統的な労働価値論者の立場で、商品価値の大きさを商品に含まれている労働量によって規定しようとする。その点では、記念ボールも普通のボールも労働量は同じだから「価値」の大きさは同じであろう。

だが、このような「価値」の捉え方に問題があった。商品にいかなる量の労働が含まれていようと、商品が売れなければ話にならない。売れなければせっかくの労働も徒労に終わる。したがって、なぜ商品は売れるのか、なぜ買い手は買うのかを説明しなければならない。

①当の商品は買い手にとって使用価値を持つから売れる、②ここでは世間のワイワイガヤガヤを我が手にすることが使用価値である、という話になる。その上で、③商品がどの程度の社会的意義(価値)を持つかは、労働量とは無関係に、当の商品と、これと交換されるマネーとの関係によっ

て決まるのであり、マネー額として表わされる。マネー額すなわち商品が**実際に売れた値段として****の価格が価値の大きさ**である。

▼価格メカニズム?

では、需要と供給の関係によって価格が決まるという説明の仕方は正解か。この場合、供給されている商品は1個しかない。また需要者も不特定多数というわけではなく、数少ないコレクターやマニアのたぐいに限られている。それでも確かに、オークション(競売)だから競争関係によって、その限りでは需給関係によって価格が決まると言いうる。

とはいえ、**価格メカニズムとは無縁**である。価格がいくら上がっても供給量は増大しない。リカード風にいえば「人間の勤労によってその量を増やすことはできない」。価格は下がることなく競り上がる一方である。価格上昇に伴って需要量が減少する(競争相手が振り落とされてゆく)点が、かろうじて価格メカニズムとの接点をなすにとどまる。商品供給量は増減しない。価格も上下変動しない。この問題場面を需給関係論で乗り切ろうとするのもやはり無理である。適用範囲を歯止めなく拡張しては、かえって需給関係論が学説としての体をなさないことになる。

並はずれた高値は世評(世間のワイワイガヤガヤ)を無償の支えにして形成されており、記念ボールの買い手は世評を意識するがゆえに大枚をはたくという点に留意すべきなのである。したがって当然、買い手は**世評を大金で買う**ことができる資産家か団体に限られる。*

＊東京・築地市場でマグロ1匹が1億5540万円で競り落とされたことがある（2013年1月5日の初セリ）。ボンズ選手もビックリだろう。この高値も記念ボールと似ている面がある。やはりキー語句は「世間のワイワイガヤガヤ」である。ただし、記念ボールの場合は記録達成の前から達成時期をめぐって大騒ぎが始まっており、これがその後の高値騒動の序曲をなすが、マグロの場合は高値が付いてはじめて世間の話題になる。

しかし買い手（すしチェーン店を展開している会社）は、話題になることを見越して高値で競り落としたのだろうから、世間のワイワイガヤガヤが高値形成に貢献している点は同じである。高値の内実は協働価値である。むしろ、マスメディアの無償の貢献も織り込んでいる点はしたたかとも言える。マグロは野球博物館のような所に展示されるわけではなく、実際に商品として客に提供される。それゆえ、落札価格と売上高との差額が宣伝費（ワイワイガヤガヤ分）ということになる。

なお、リカードが挙げていた「特別な品質のブドウ酒」は、世間のワイワイガヤガヤとは無縁である。愛好家が心底から「上等だ」「うまい」と信じるから大枚をはたく。秘蔵して独りほくそ笑むことはあっても、知友に自慢することが目的ではあるまい。人間類型としては〝偏狂な資産家〟といったところか。いずれにしても、基本的に**高値の内実は愛好家にとっての使用価値**である。だから労働価値論者の手には負えなかったのだ。ここではむしろ効用価値論が妥当しそうにみえる。とはいえ**効用価値論はどの商品にも一般的に（多数の人々に共通して）妥当するものではない**ので、価値論としては説得力を持たなかった。

▼見せびらかし消費?

買い手の消費行動は、アメリカ制度学派の経済学者**ソースティン・ヴェブレン**（1857―1929）の言う「見せびらかし（conspicuous）消費」ないしフランスの社会学者**ジャン・ボードリヤール**（1929―2007）の言う「記号（signe）としてのモノの消費」（他人の驚嘆や羨望を見ることで満足感をふくらませるための記号としてモノを消費する）と似ている面もあるが、本質的に違っている。

見せびらかし消費や記号消費の場合は、高級外車にしてもその他のブランド品にしても、本来の目的で消費（使用）される。本来の目的で使用する部分と他人の目を意識する部分とのどちらが主・従であるかはケース・バイ・ケースであろうが、いずれにしても本来の目的で実際に使用される。それゆえ耐用期間にも限りがある。

これに対して、記念ボールは野球博物館かどこかに展示されるだけで、もはやボールとして使用されることはない。**使用価値の内容が本来のものとは変わる**わけだ。いわば「第二の人生」を歩むことになる。その代わり、メンテナンスさえしっかり行なえば半永久的にさえも原形を保つことができる。

▼要約

上に見た諸学説の中でまだしももっともらしい**需給関係論を中心に、要約**しておく。

①供給量に比して需要量が大きいから高値が付く、という理屈は当てはまらない。そもそも、終始1個しかなく増減できないものを「供給量」と呼ぶのは言葉の乱用で、この用語を無意味化してしまう。だから需要が減るほど、「供給」は減りもしないのに価格が上昇するという奇妙なことにもなる。それに、何十年かに一度しかない取引を需給関係論で説明しようとするのは、需給関係論の妥当範囲の広大さを誇るというよりもむしろ需給関係論を空疎化するものである。その点、マグロが日々魚市場で数多く取り引きされているのとは異なる。さらに高値に関しても、記念ボールの場合は、もともと購買力を持たない大勢の部外者たち、すなわち非「需要者」が事実上の価格形成者となっている。

マグロの場合は、購買力のある多数の需要者たちが日常的なセリ（競争）を行なうなかで形成される高低まちまちの落札価格が前提となっている。それらの価格は需給関係によって決まる。当の落札業者は、それらの落札価格と比較しながら、つまり相場を知った上で入札したのであり、客観的な基準を踏まえている。記念ボールの場合はそのような比較の基準は何もなく、終始、資産家の恣意にゆだねられている。**需給関係論によって説明が可能な部分とそうではない部分との見極めが必要**であろう。

②「**世評**」は労働とは何の関係もないが、実に世評こそがここでは協働価値の主要な源泉をなし、労働とは比較にならない大きな役割を果たすのである。

なお、当面の問題場面では取り上げる必要はないが、人々の熱狂や興奮は冷めやすい。では、冷めた時には記念ボールの値打ちはどうなるのか。マグロは客に提供してしまえば一件落着だが、記念ボールは長年保存されるだけに、数十万ドルという価値は保持されるのか、それとも下落するのかはひとつの論点になりうる。これは応用問題として読者諸賢にお考えいただきたい。

（3）第3類型の射程

第3類型に属するメジャーな例としては、**好況やバブル、不況や恐慌**、それらの前提となる**供給量・需要量・価格変動、自然発生的な抗議行動・反政府デモ・暴動、戦乱・大事故・災害などによる大混乱**などがある。テレビや新聞のトップ・ニュースになるものが多い。それだけ社会の出来事として大きなウェイトを占めているわけだ。これらの出来事の担い手・当事者はだれか。一般大衆や民衆と呼ぶにせよ国民と呼ぶにせよ、**無形組織**である。

あわせて留意すべきは、無形組織による出来事である限り**コントロールが利かない**のではないかということ。たとえば経済上のネガティブな出来事、不況や恐慌であれば政府や中央銀行のような有形組織が政策によってコントロールできるかどうかが大きなテーマになる。この点については、インフレ論・デフレ論に関連して、ほんのわずかだが先述した。

マイナーな例としては、各種イベントや大規模小売店での人出、電車内の混雑、駅構内などでの雑踏、街頭での人だかり、その他さまざまな場面での人の群れ、交通渋滞など。これらの場合も不特定多数の人々が無形組織を構成している。無形であるのは、たとえ人々が同じ目的物や目的地（共通目的）を目指しているとしても、みんなで意思統一して自覚的に何ごとか（共同目的）をなそうとしているのではないからである。デパートのバーゲン・セールに客が殺到する、満員電車の行き先がターミナル駅である、幹線道路が渋滞する、火事があれば野次馬が集まる、などはわかりやすい例である。協働類型としてはみな同じで、人の群れも魚群と大差はない。

記念ボールの例は、一見協働とは無縁の現象も協働の所産であることを言うために持ち出したにすぎず、事項自体としてはマイナーな意義しか持たない。1匹1億数千万円のマグロも似たようなもの。もっと身近な、しかしメジャーな意義を持つ例も挙げておいたほうがよいであろう。

第3類型に属する具体例としては、右に項目をいくつか列挙したように政治と経済の領域にメジャーなものが多い。政治領域における具体例は比較的わかりやすい。「民衆」と呼ばれる人たちが反政府デモに立ち上がったり、場合によっては時の政権さらには社会体制そのものの転覆を企てたりする姿は、人々の行動がテレビ映像を通じて目に見える形で伝わるだけに世界中にインパクトを与える。

これに対して経済領域における出来事は、テレビ映像を見てもさしたるインパクトは受けない。

ディーリング・ルームや証券取引所から為替相場や株価関連の数字を映されても、新聞報道以上のものではない。報道する側にとっては「絵になりにくい」。視聴者としても立ち入った解説をしてもらわないと、なぜ重要なのかがわかりづらい。

しかし外見上の違いを超えて、人々の集まりは、たとえ烏合《うごう》の衆であっても全体として組織を構成しており、時には大きな協働力を発揮する。このような**無形組織の協働力**を度外視しては、おそらく政治や経済の半分も説明できないだろう。

（4）市場経済の場合

市場経済を協働論の観点から手短に振り返っておく。ここでも当然、協働論は組織論と不可分一体である。まず経済当事者である生産者や流通業者、消費者、投資家たちは、一定の共同目的のために意思統一して経済活動を営んでいるわけではない。みんな自分の利益になると信じることを思い思いに追い求める。個々バラバラであり、無形組織を構成しているにすぎない。相互に「接触」し、「相互作用」も及ぼしあうが、助け合いや協力などとは原則として無縁である。

ましてや経済当事者たちは、私益追求がマクロ的にはどのような結果を引き起こすか、といった配慮は持ち合わせていない。企業はひたすら「営業の自由」（今日風には「新自由主義」）路線を突っ走るのみである。

だが、私益を追求するにも相手が必要である。売り手も買い手も相互に依存しあっている。市場経済は、商品とマネーとの交換をベースにした**相互依存関係（ギブ・アンド・テイク）のシステム**として成り立っている。**経済当事者たちが無自覚的に協働して市場経済を成り立たせている**と言ってもよい。——これが市場経済の基本構造である。

もちろん資本家（企業経営者）と賃金労働者もギブ・アンド・テイクの関係にある。ひと頃までは、労働者は剰余価値を「搾取」（タダ取り）されているとする議論もあったが、これは大間違いだった。資本家が労働者に賃金をギブすることは、働く機会を、端的には生産手段を提供することである。これはコストを要する。その見返りに剰余価値をテイクするのである。搾取論は生産手段を搾取の手段としか見なかったが、しかし**生産手段なしには労働者は**労働を発揮できず、そもそも**存在価値ゼロ**なのである。

▼「資本の本性」

概して企業規模が大きくなるほど確実な先読みは難しくなる。それだけ需要の確保が難しくなるのはもとより、企業組織（有形組織）を取り巻く外部にもますます多方面の目配りをしなければならなくなるからだ。この外部は、当該企業からみれば、競争相手も市況も全部ひっくるめて無形組織としての性格をおびている。特定企業によるコントロールが利かない。思うようにはならない。

にもかかわらず、**企業は絶えず規模の拡大を追求**する。国境を超えてさえ絶えず前へ前へと突き進むのが「資本の本性」（マルクス）である。この突進が企業の担い手に即して「企業家精神」（シュムペーター）とか「アニマル・スピリッツ」（ケインズ）などと呼ばれてきた。しかしこの種の「精神」も、特定の企業家の個性というより、相互に競争圧力をかけて駆り立てあう**無自覚的な協働の所産**を属人化したものにほかならない。

このような前進意欲あるいは開拓者精神が**実を結ぶ確率は、経済発展に反比例して低下する**。前途洋々ではなく新規市場の開拓余地がますますせばまってくるからだ。だからこそなおのこと、新規市場の開拓がますます強調されるようになる。

▼気分が景気動向を左右する

経済当事者たちが抱くその時どきの気分の色合いも、景気動向を左右する大きなファクターをなす。気分は、マクロ・レベルでは「市場の空気」であり、学術語めかした表現では「市場の集団心理（the mass psychology of the market）」（ケインズ）である。多数の人々、まさに「マス」による無形の協働の所産である。人々の気分が高揚している時は好況が、気分が沈滞している時は不況が結果する。

通常は景気が良い時は人々の気分も高揚し、景気が良くない時は気分も沈滞するというふうに思われがちであるが、逆の因果関係にも十分注意を払う必要がある。**「市場の空気」**もまた人々が寄ってたかって生み出す**協働力の一形態**として威力を発揮する。その時どきに人々が抱く**気分の色**

合い（高揚か沈滞か）が、一国規模では国民の活力（やる気、モラール）の有無となって表われ、景気動向を大きく左右するのである。

もちろん、その時どきの景気動向は経済当事者たちの気分に影響する。これは景気動向が気分を左右する側面である。そして人々の気分に基づく行動の結果が、個人消費や設備投資、物価などに関する数値データとなって表われ、それがまた経済当事者たちの気分に影響する……。

したがって、不況からの脱却策は、気分・空気といった心理的ファクターを十分に考慮したものでなければならない。日本銀行やアメリカ連邦準備理事会（ＦＲＢ）のような中央銀行がゼロ金利政策を続けても、それだけでは効果は限りなくゼロに近いであろう。国債買い入れ資金の積み増しなどの金融緩和策をとっても同様である。

そもそも**不況脱却策は中央銀行の任務ではない**。金融政策は、消費者や生産者の気分をハイにして個人消費や設備投資を喚起するような性格のものではない。中央銀行と市中金融機関とは密接に結びついているが、中央銀行と消費者や生産者らの経済当事者たちとを密接に結びつける回路はない。両者の媒介役を果たすはずの市中金融機関も自己利害で動くから、先行き見通しが好転しない限り貸出には慎重になる。

金融恐慌のような「まさか」の（いわゆる「想定外の」）事態を事前に食い止める。それが起きてしまえば政府と一体となって善後策を講じる。それが頼りがいのある中央銀行の姿である。**政府の財政政策も、人々の気分を高揚させる限りで有効**なのである。経済の活性化は経済活動の担い手たちの活力なしにはありえない。活力は明るい先行き感があってはじめて生まれる。

震災復興にしても、公共投資とその波及効果という枠組でありきたりの発想をするだけでなく、被災地の人たちの気分をハイにすることを最優先することが大切であろう。気分をハイにするためには不安を除去することが先決である。復興のポイントは不安の除去と言ってもよい。不安の形はどの被災地も一様であるわけではない。一つひとつ個別に対応してゆく必要がある。

手短に定式化すると、**不安の除去→明るい先行き感→ハイな気分→生気ある活力→経済活動の活性化**となる。

▼ケインズに倣え

本項では、気分、不安、先行き感などの、人間心理に関わる言葉が多用されている。経済学者たちはこの種の〝非科学的な〟言葉づかいはしないようにしている。しかし今も少し触れたように、ケインズは「市場の集団心理」のような計測不能の〝非科学的な〟人間密着語をまことにたくさん用いている。

主著『一般理論』には、習慣、性向、動機、誘因、快適、不快、警戒心、先行き見通し、推測、思惑、見積もり、計算、慎重さ、楽しみ、誇り、貪欲、制欲、徳、悪徳、観察、選択、確信、決断、自信、楽観、安心、満足、悲観、心配、不安、不満、等々、ありとあらゆる人間密着語が出てくる。若い頃から、イギリス伝統のモラル・フィロソフィー（道徳哲学）の系譜に連なる一員として「人間本性（ヒューマン・ネイチャー）」には多大な関心を寄せていたので、当然と言えば当然である。その方面の代表作は『レッセフェールの終焉』（*The End of Laissez-faire*,1926）であろう。『一般理論』は「人間本性」に関してはその応用篇である。

今日、新聞の経済面に「期待」という語が見られぬ日はないし、経済学者たちも堂々と用いている。ケインズがキーワードの一つとして多用したことが発端となっているのだろうが、「当てにする」という意味内容が中心をなしている点では「明るい先行き感」と別に違いはなかろう。ケインズに倣うのなら、問題意識そのものを引き継いで、心理用語を経済用語としてもっと活用する方向で考えてもよいのではないか。それは**「科学（サイエンス）」概念を、干からびたものからもっとふくよかなものにする**ことにもつながる。

なお、本書では「寄ってたかって」という俗語表現をしばしば用いている。これは、すでにお気づきのこととは思うが、「一定の共同目的も意思統一もなしに無自覚的に行なわれる」協働の意である。

6　第4類型（無自覚的・通時的）

ここでも具体例は数多くあるが、第3類型の場合と同じく平明な例を取り上げよう。本塁打記録にワイワイガヤガヤ大騒ぎし話題にするのは野球好きの人たちである。野球に無関心な人にとってはどうでもよいこと。破格の高額で落札されたというニュースにだけ興味を示す。この点は以下に見る第4類型の事例にも共通している。「名画」を例にとってみよう。ここでは芸術作品としての「名画」にではなく、高値の形成過程および内実を問うことに主眼点がある。

（1）「名画」の場合

▼記念ボールとの異同

ゴッホのある「名画」が、オークション（サザビーズだったかクリスティーズだったか）で日本円にして120億円超で日本人に落札されたことがある。「名画」の作者や作品名はこの際どうでもよい。セザンヌら他の画家の作品でも理屈は同じ。絵画に関心のない人は、やはり破格の高額にのみ興味を示す。しかもゴッホのこの作品の場合は、落札者が「死んだ時はこの絵も棺桶に一緒に入れてくれ」などと口走ったために物議をかもした。

「名画」の高値の内実は、本塁打記録の記念ボールと同じ点と違っている点がある。同じなのは、不特定多数の人々が話題にし称賛するなどして結果的に当の物の評価を押し上げるという点。高値の内実は協働価値である。

ただし、本塁打記録はだれにでも理解できる単純な事実だが、「名画」は素人にはよく理解できないので専門家筋による解説や講釈、つまりはお墨付きを要する。買い手は「いい絵だから」と自分の主体性を強調するだろうが、「いい絵」とは何か。それが問題だ。哲学者なら、「自分の主体性」とは何かを問題にするだろう。

記念ボールと違っているのは、記念ボールの場合は記録が生まれた時点ではじめて評価が定まるのに対し、「名画」の場合は長い年月をかけた「評価の積み重ね」を要する点。共時的協働と通時的協働との違いである。

第4類型の協働も第3類型の協働と同じく、基本的には無形組織（一般大衆）を担い手としている。とはいえ、通時的協働は時間幅が大きいケースが多いだけに、専門家筋を中心とするあれこれの有形組織も一定の役割を果たす。無形組織だけではそもそも「名画」という評価は生まれないし、たとえ生まれたとしても評価を維持する組織がないから、やがて雲散霧消してしまう。

▼絵画が「優れている」とは

普通は、作品が優れているから大勢の人たちが美術館に押し寄せたりしてワイワイガヤガヤ騒ぎ称賛すると思われている。いったん声価が確立するとそのような因果関係が成り立つように見えるが、もともとの因果関係は逆である。

絵画作品が優れている、素晴らしい等々の評価は、その作品を見る人たちの見方ひとつにかかっている。絵画作品に対する評価は、さまざまな条件のもとでのみ成り立つ相対的評価である。評価しない人たち、あるいはそもそも絵画に無関心な人も大勢いる。時代や社会、民族・宗教・生活習慣などの文化の違いを超えて、かつ万人にとって無条件に優れている作品というものはありえない。

食物としてのパンや身体にまとう衣類は、おそらく時代や社会や文化の違いを超えて、かつ万人にとって無条件にその物自体として有用であろう。パンはけっして口にしない、衣類はまったく不要という人もいるかもしれないが、そういう人を探すのは難しい。

しかも、同種の物同士の間で容易に優劣比較をすることもできる。運搬手段としての自動車や照明器具としての電灯のような文明の利器も、文化の違いを超えて、かつ万人にとって無条件に有用であり、かつ、馬車やろうそく・ランプに比して優れている。しかもそれらの有用性および優越性は、専門家筋の解説や講釈などなくても、だれもが生活体験のなかで実感することができる。

絵画の場合は、優れていると思う人にとって優れているにすぎない。そして優れていると思うのも、大概は、優れているという評価の積み重ねに影響されている。多くの場合、作品の前でしばし佇《たたず》んで、「これは名画なのだ」と自己納得させる必要がある。音楽のように、専門家でなくても良さを直感できる、時には「ビビッ」と全身で反応するのとは違っている。

絵画の評価は、廣松風に堅苦しくいえば、**一定の歴史的・社会的・文化的な形成態**である。ある時代に、ある社会で、ある文化を背景に、かつ**限られた数の人々に支えられて形成される**。その評価がその後多方面に拡大・浸透するか縮小・途絶してしまうかはケース・バイ・ケースである。人類は過去、幼児・小中学生らの作品も含めれば無数の絵画作品を制作してきたであろうが、多少なりとも評価されて後世に伝えられているのはほんの一部であろう。

▼有形組織の役割

評価の積み重ねといっても、どの画家にも共通する一般的なプロセスがあるわけではなく、みんなまちまちであろう。ただ、「美術評論家」や「画商」のような専門家筋が職業として成り立つ以前と以後とでは、様相を異にするように思われる。そして評価の伝達媒体も、大きい流れとしては口コミからマスコミ(マスメディア)へという変化があると考えられる。

古い時代においては、作者の周辺で芽生えた評判が口コミを通じて広まり、やがて教会や王侯貴族などその時代の有力者にも伝播していったと考えられる。もし有力者が作者のパトロンになって作品を買い上げたり制作を依頼したりすれば、評価の積み重ねは大きな画期を迎える。このようなパターンは、さまざまな絵画作品に関して、ヨーロッパにおいてはあちこちで見られたであろう。しかしやがて教会や王侯貴族の権勢が衰えて、商工業の担い手としてブルジョアジーが登場すると、今度はその中の富豪がパトロンになる。ブルジョアジーといっても大小さまざまであるが、ともあれブルジョアジーの登場は、その相方としての近代的労働者階級の登場をも意味し、両者相まって大衆（マス）の時代を形成し始める。

大衆は作家や批評家らの物書き（売文業）が職業として成り立つ基盤となる。また活字メディアも登場すると、物書きが職業として成り立つもう一方の条件となる。こうしてマスメディアが大衆と各種の物書きとを結びつける媒体（メディア）としての役割を担うようになる。美術評論家が職業として成り立つ道筋は、おおむねこんなところかと思われる。これは絵画作品が評価を積み重ねる上で大きな転機になったであろう。まさに大衆向けに普及活動が可能になるのである。

一方、画商は美術品を商品として売買する職業であるだけに、商品経済の発達に連動してその歴史が古いことは容易に想像がつく。一説によると中世にまでさかのぼるともいわれるが、ともあれ絵画が大衆レベルでも関心を抱かれるようになれば、画商にとっても活動の裾野が広がることになる。

こうしてあれこれの絵画作品に対する評価が専門家筋によって広く一般大衆にも流布され、さまざまな国際交流を通じて他の文化圏（たとえばヨーロッパ生まれの絵画が日本など）でも知られるようになる。――評価の積み重ねの大筋は、このように見て大過ないであろう。

一般大衆が自分自身の美意識や鑑賞眼に基づいて「これはいい絵だ」と直感することはある。これに対して専門家筋は、画法や作画の動機、先達との影響関係などにも立ち入りながら、作品の特徴をあれこれ理屈で説明しようとする。こうして専門家筋による啓蒙・教育が行なわれるようになる。むろん、学校の美術担当教員たちもその一翼をになう。

専門家筋をはじめとする関係者たちは、ある特定の作品だけでなく、絵画全般ないし美術全般をますます普及させたいという共同目的のために、しばしば国境を越えてさえ意思統一する。マスメディアもこれに加勢する（たとえば新聞社主催の○○展、ＮＨＫの番組「日曜美術館」など）。その限りでは**有形組織が無形組織をリードする**。

しかし一般大衆の共感や支持を得ることなしには「名画」は成立しない。専門家筋が職業として成り立つためにも、笛を吹けば踊ってくれる人たちがいないと困る。もっとも、「特別な品質のブドウ酒」の愛好家のように、他人の評価など眼中になく秘蔵して自分独りで愛でる場合は、まさに「自分の主体性」を大事にするわけだが。オークションで落札者の名前が公表されないこともあるのは、そのようなケースかもしれない。ともあれ**「名画」として評価される際には無形組織が主役を演じる**のである。

（2）第4類型の特徴

第4類型は第1・2・3類型の**すべてを包含する複合体**である。第4類型を仔細に分析すれば第1・2・3類型の諸ファクターを取り出すことができる。図式的には、有形組織と無形組織とが、また共時的協働と通時的協働とがともに不可欠の役割を果たしていることになる。

絵画の場合、第1類型に属するファクターとしては、たとえば画材（カンヴァス・絵の具・絵筆・木炭など）がその方面の職人たちやメーカー、つまり有形組織による共時的協働の生産物であること。画家が師匠の手ほどきを受けることもやはり有形組織の営みである。およそ広い意味での教育は、教える側と学ぶ側との関係が緊密であるほど効果は上がる。

第2類型のファクターとしては、このような共時的協働が連綿と積み重ねられて技術やノウハウが継承されてきたこと。あるいは現在の画家が過去の長い絵画史から画法などを学ぶこと。そのことを専門家筋は「だれそれの影響が見られる」というふうに批評する。

第3類型のファクターとしては、作品が現在の一般大衆（無形組織）の評価にゆだねられていること。このファクターは注意を要する。現在の作品はもとより過去の作品も、現在の人々の評価にさらされるのである。死人に口なし。現に生きている人たちが、評価能力の高い低いを問わず最終評価権を握っている。別に絵画作品に限ったことではなく、過去の一切合財がそうだ。

これはだれにもどうにもならない宿命である。評価能力が時間の経過とともに着実に「進化」してきたのなら、安んじて現在の人々の評価にゆだねることができる。が、必ずしもそうとは言えないのが悩ましいところだ。「歴史」とはそういうもの、と割り切る（諦念する？）ほかあるまい。

なお、念のため再説しておくと、第2類型と第4類型においては長期継続的な協働が行なわれるため、有形組織と無形組織が混在している。ただ、第2類型においては有形組織が基軸をなすのに対し、第4類型においては逆に無形組織が基軸をなす。そこでは有形組織が自力でなしうることには限界があり、その分、他力頼み、成り行き任せの部分が大きい。無形組織としての「一般大衆」が主役を演じているところでは、成り行き任せが運動法則となる。

（3）第4類型の射程——複雑な事柄も協働の組み合わせ

「名画」で例解してきた理屈が当てはまる具体例もやはり数多くある。その一部を列挙しておくと、まず○○主義という**諸思想**。自由主義、民主主義、社会主義、マルクス主義、ケインズ主義等々はもとより、○○主義と呼ばれなくても有力な思想はすべてこの類型に属する。あるいは逆に、この類型に属するのが「有力な思想」である。

いかなる思想も、勉強会・サークル・学派・学会・政治団体などの有形組織によって推進されるだけでなく、個々バラバラの支持者たちから成る無形組織によっても担われることなしには普及しない。マスメディアが発達するにつれて、各種のオーディエンス（視聴者・読者・聴衆ら）によって普及度がますます左右されるようになる。無形組織が基軸をなす点をはじめ、「名画」モデルで説明がつく。

ただし、広い意味では「思想」のうちに入るが、関心を抱く人がごく一部の専門家に限られていて無形組織としての一般人は無関心な特定の学説や理論は、第4類型ではなく第2類型に分類される。無形組織はほとんど何の役割も果たさないからだ。

しかしそのような**学説や理論**が、狭いサイエンスの世界を脱け出て医療技術や産業技術などのテクノロジーとして応用されるようになると、一般人が恩恵に浴するようになる。サイエンスやテクノロジーはどこまで行っても専門家たちから成る有形組織が主導的な役割を果たすが、その成果を享受するのは無形組織としての一般人だから、彼らが中心的な支え手となり、宣伝スピーカーにもなる。

それゆえ、このように無形組織が前面に出てきたときには、そうした学説や理論も第2類型から第4類型に転換したと見なしてよいであろう。特殊なものから普遍的なものへ、薄暗い研究室から陽の当たる場所へ――。

次に「人間としてこうであるべきだ、ああすべきだ」という規範を基本にして成り立っている**倫理観・道徳観**。第2類型の例として挙げた掟やしきたりなどの不文律との線引きが難しいが、有形組織による縛りや拘束力が弱い（自由度が大きい）、破っても制裁を受けない点で、ここに入れておくのが適当であろう。

成文法は第2類型の一例であったが、今日多くの国で法律体系の大本をなしている**自然権**ないし**基本的人権の考え方**は第4類型に属する。「すべて人間は生まれながらにして自由・平等であって、生存権・財産権を有し……」が共通理念をなしている。言うまでもなく、17世紀のジョン・ロックらの「思想」がアメリカ独立宣言（1776年）やフランス人権宣言（1789年）などを経て、まさに通時的協働の所産として現代に、日本国憲法（1946年）にも引き継がれている。その理念と展開プロセスに目を向けるなら、日本国憲法が「押しつけ」かどうかなど枝葉末節の議論であろう。

第4類型に属する最もメジャーな例は、人間生活の土台をなす**生産活動**であろう。これも通時的かつ共時的協働の営みである。生産活動については「諸労働の融合一体化」（⇩協働）の観点から、第Ⅱ章で取り扱った。

生産活動に比して、**言語**は同じく通時的かつ共時的協働の営みでも、同一国民ないし同一民族全員が同一の言語を用いる点で真に普遍的な性格を持つ。普遍的性格を持つのは**マネー**も同様である。現代のマネーである**不換中央銀行券（お札）**も、全国民規模での通時的協働および共時的協働の所産として成り立っている。

もっとマイナーな例としては**ブランド**や**のれん**、あるいは「一等地」「高級住宅地」など世評の高い**土地**、「**有名人**（セリブリティ）」等々。どれをとっても、既存の理論枠組では中途半端な説明しかできない。第4類型の協働として説明するのが適当である。

有形組織の果たす役割と無形組織の果たす役割との**配合比率はケース・バイ・ケース**である。ブランドやのれんの場合は、有形組織としての商店ないし企業自身が長年にわたって積み上げてきた努力（通時的協働）も見逃せないが、やはり周辺を取り巻く顧客や消費者たちの無形組織が主役を演じる。ビジネスである以上、売り手サイドの自助努力だけではどうにもならない。有形組織に力点を置けば第2類型に、無形組織に力点を置けば第4類型に属する。一等地・高級住宅地・有名人の場合も、部外者たちが話題にしたり噂したりワイワイガヤガヤ騒いだりすることによる無償の貢献が大きいウェイトを占める。

以上、手短に（?）見てきたように、複雑多様に見える世の中の出来事や歴史の展開も、**有形組織による協働**と**無形組織による協働**との、および**共時的協働**と**通時的協働**との**組み合わせ**として描き出すことができる。最後に、本書の主題であるお札について、そのことを見ておこう。同じく第4類型に属する事項として、第1・2・3類型の諸ファクターを含んでいる点は、上に見た「名画」の場合と同じである。

▼お札(日本銀行券)

第1類型は有形組織による共時的協働を特徴としているから、**お札**（日本銀行券）の場合はまず、発行元である**日本銀行が有形組織の中心**をなす。金融政策全般に関しては、日銀は独立機関とはいっても政府、とりわけ首相官邸や財務省と緊密な連携を保っているから、むろん**政府**も有形組織の一部を構成する。

一方、**日銀券の製造**は、さまざまな工程が分業体制で行なわれている。用紙やインクなど資材の納入業者、デザインや偽造防止技術（透かしやホログラム）の担当者、印刷業者（独立行政法人国立印刷局）、出来上がった日銀券を各地の日銀支店や市中金融機関など関係各方面に配送する業者などが、それぞれ有形組織として業務を分担しつつ全体としても有形組織を形成している。有形組織のメンバーであるかどうかは、責任と義務を負うかどうかで決まる。ここでは終始厳格に事が運ばれるから、自己都合であれこれ行動する無形の要素が入る余地はない。

第2類型は有形組織による通時的協働を特徴としているから、製造技術などに関して代々継承されてきたものがこの類型に属する。先に簡単に触れたように、日銀券は管見の限りでは、紙質といい印刷技術といい世界最高水準の出来栄えである。裏方さんたちの通時的協働の成果であろう。もっとも、お札としての出来不出来は、お札の価値の実質内容をなす国民信用の確かさとは直接関係はないが。身なりが立派か質素かは、その人物の実質内容とはひとまず別である。

金融政策のあり方も通時的協働の所産である。日銀総裁が交代したとたん金融政策がガラッと変わることがあるが、その場合でも、従来の政策からあれこれ学んでいる（反面教師としてであれ）点で通時的協働が行なわれている。もちろんこの通時性は現在の日銀と直前の日銀との関係にとどまるものではない。時間幅を大きくとるなら、日本銀行は創設（1882年）以来、中央銀行という有形組織として、政策内容のいかんを問わず連綿と通時的協働を行なってきたことになる。その点では第2類型に属する多くの有形組織と何ら変わりはない。おそらく、本店のどこかに歴代総裁の肖像がズラリと掲げてあるにちがいない。

とはいえ、お札に関しては、やはり無形組織の果たす役割が大きい。第3類型の特徴は**無形組織による共時的協働**である。国民が日々お札を経済活動に用いていることが、それに当たる。日々用いることで日々その通用力（価値）を支えている。第3類型の事例として取り上げた記念ボールの場合は、世間の野球ファンたちがワイワイガヤガヤ話題にすることが記念ボールの高値を形成した。高値の実質内容はワイワイガヤガヤである。**お札の通用力（価値）の実質内容をなす国民信用**も、その存立構造はこれと同じである。

国民信用をワイワイガヤガヤと同一視するのは別に不謹慎ではない。バブルの時などは多くの人が野球ファン以上に熱狂する。現に1980年代後半から90年代初頭にかけてのニッポンがそうだった。会社や金融機関の幹部も一般人も、まともな判断力をなくすくらい文字どおり狂った。野球ファンは、たとえトラキチ（気違いじみた阪神タイガース・ファン）でもそこまで狂うことはない。協働の理屈としては、**国民信用もワイワイガヤガヤも外面的な違いを超えて同じ**なのである。要するに、人々は無形組織として協働している。

お札が第4類型に分類されるのは、**国民信用が無形組織による通時的協働の所産**にほかならず、お札論ではこれが一番大事なファクターをなすからだ。今現在の姿だけを見ていても今現在の姿を正確に把握することはできない。

　通時的である、つまり時間幅が大きいだけに、国民信用もまた国家そのものの盛衰を反映した展開史を辿ってきた。**通時的協働のお陰で共時的協働も成り立っている**、という点にも注意を払うべきであろう。祖父母の世代、さらにはもっと前の世代は「お札」とどのように向き合い付き合ってきたのか。疑念や不安にとらわれたこともあったであろう。紙切れにすぎないのだから、それも無理はない。しかしさまざまな困難を克服して現在の姿がある。現在の国民は、通貨の面でも、過去の国民に背負われ支えられて生きている。

あとがき

本書のキーワード「協働価値」を公刊論文で初めて用いたのは、「脱経済学的思考の試み」（『経済セミナー』日本評論社、1988年4月号~89年3月号に10回連載）においてである。結構長い付き合いをしてきたことになる。

本書もまた幾人もの方々の有形無形のお力添えを賜った。2人きりの勉強会を続けている安藤実先生（静岡大学名誉教授）をはじめ、静岡市内のスナック「バロン」（店主・植垣康博さん）で開いている現代社会研究会の常連メンバーの方々、とりわけ実務家の天野茂、永田晴久、古川泰明、牧安信のみなさんには、世間知らずの視野を広げる上でも教えられた。

言視舎の杉山尚次さんのお世話になるのは、これで3冊目である。いろいろと踏み込んだご提案やアドバイスもいただいて、「合作」の度が一段と増した。厚くお礼申し上げる。

2015年1月

高橋　洋児

[著者紹介]

高橋洋児（たかはし・ようじ）

1943 年生まれ。現代社会の経済理論を探究し続けている。京都大学経済学部卒業、東京大学大学院経済学研究科博士課程修了、経済学博士。静岡大学名誉教授。著書に『物神性の解読　新装版』（勁草書房）『市場システムを超えて』（中公新書）『現代社会論の基本視座』（御茶の水書房）『新装版　マルクスを「活用」する！』『過剰論　経済学批判』（以上言視舎）などがある。

装丁………山田英春
ＤＴＰ制作………勝澤節子

なぜ、お札でモノが買えるのか

発行日❖2015 年 1 月 31 日　初版第 1 刷

著者
高橋洋児

発行者
杉山尚次

発行所
株式会社言視舎
東京都千代田区富士見 2-2-2　〒 102-0071
電話 03-3234-5997　FAX 03-3234-5957
http://www.s-pn.jp/

印刷・製本
モリモト印刷㈱

ISBN978-4-86565-010-5 C0033